ウェストミンスター大教理問答

THE WESTMINSTER LARGER CATECHISM

袴田康裕［訳］

教文館

《訳者紹介》

袴田康裕（はかまた・やすひろ）

1962年、浜松市に生まれる。1985年、大阪府立大学経済学部卒業。1985－1993年、大阪府庁勤務。1996年、神戸改革派神学校卒業。1996年から2013年3月まで、日本キリスト改革派園田教会牧師。2000年から2002年まで、スコットランド、フリー・チャーチ・カレッジに留学（Post-graduate Dip.）。2013年4月から、神戸改革派神学校教授（歴史神学）。

著書　『信仰告白と教会』（新教出版社、2012年）、『ウェストミンスター小教理問答講解』（共著、一麦出版社、2012年）、『ウェストミンスター信仰告白と教会形成』（一麦出版社、2013年）ほか多数。

訳書　W. ベヴァリッジ『ウェストミンスター神学者会議の歴史』（一麦出版社、2005年）、『ウェストミンスター信仰告白』（共訳、一麦出版社、2009年）、『改革教会信仰告白集』（共編訳、教文館、2014年）ほか多数。

ウェストミンスター大教理問答

2021年10月10日　初版発行

訳　者　袴田康裕
発行者　渡部　満
発行所　株式会社　教文館
〒104-0061 東京都中央区銀座4-5-1 電話 03(3561)5549 FAX 03(5250)5107
URL　http://www.kyobunkwan.co.jp/publishing/
印刷所　モリモト印刷株式会社

配給元　日キ販　〒162-0814　東京都新宿区新小川町9-1
電話 03(3260)5670　FAX 03(3260)5637

ISBN978-4-7642-0039-5　Printed in Japan

ウェストミンスター信仰告白・大教理問答・小教理問答
〈対観表〉

（内容）	信仰告白	大教理問答	小教理問答
〔序論〕		問1	問1
1章　聖書について	1節	問2	
	2－4節	問3	問2
	5節	問4	
	6－10節	問5	問3
2章　神について、また聖なる三位一体について		問6	
	1－2節	問7、問8	問4、問5
	3節	問9－問11	問6
3章　神の永遠の聖定について	1－2節	問12	問7
	3－8節	問13	
		問14	問8
4章　創造について	1節	問15、問16	問9
	2節	問17	問10
5章　摂理について	1－3節	問18	問11
	4－7節	問19	
6章　人間の堕落と罪とそれの罰について		問24	問14
	1節	問21	問13、問15
	2節	問23	問17
	3節	問22	問16
	4節	問25	問18
	5節		
		問26	
	6節	問27－問29	問19
7章　人間に対する神の契約について	1節	問20	問12
	2節		
	3節	問30－問32	問20
	4節		
	5節	問33、問34	
	6節	問35	
8章　仲介者キリストについて	1節		
	2節	問36	問21
		問37－問41	問22
	3節	問42	問23
		問43	問24
	5節	問44、問45	問25、問26
	7節		
	6節	問46	問27
		問47－問50	
	4節	問51	問28
		問52－問57	
	6節	問68	
	7節		

9章　自由意志について	1－3節	問149	問82
	4節		
10章　有効召命について		問57	
		問58	問29
		問59、問66	問30
	1節	問67	問31
		問68	
	2節、3節		
	4節	問60	
			問32
11章　義認について	1節	問70	問33
	2節	問72、問73	
	3節	問71	
	4－6節		
12章　子とすることについて	1節	問74	問34
13章　聖化について	1節	問75	問35
	2節	問78	
	3節		
		問77	問36
14章　救いに至る信仰について		問153	問85
	1節	問72	問86
	2節		
		問73	
	3節		
15章　命に至る悔い改めについて	1節	問76	問87
	2－6節		
16章　善き業について	1－3節		
	4－5節	問78	
	6－7節		
17章　聖徒の堅忍について	1節	問79	
	2－3節		
18章　恵みと救いの確信について	1節	問80	
	2節		
	3－4節	問81	
19章　神の律法について		問91	問39
	1節	問92、問93	問40
	2節	問98	問41
	3－5節		
		問94－問96	
	6節	問97	
	7節		
		問98－問100	問41
		問101	問43、問44
		問102	問42
		問103	問45
		問104	問46
		問105	問47
		問106	問48
		問107	問49

		問108	問50
		問109	問51
		問110	問52
		問111	問53
		問112	問54
		問113	問55
		問114	問56
		問115	問57
		問116	問58、問59
		問117	問60
		問118	
		問119	問61
		問120	問62
		問121	
		問122	問42
		問123－問125	問63
		問126	問64
		問127	
		問128	問65
		問129－問132	
		問133	問66
		問134	問67
		問135	問68
		問136	問69
		問137	問70
		問138	問71
		問139	問72
		問140	問73
		問141	問74
		問142	問75
		問143	問76
		問144	問77
		問145	問78
		問146	問79
		問147	問80
		問148	問81
		問149	問82
		問150、問151	問83
		問152	問84
〔御言葉について〕		問153	問85
		問154	問88
		問155、問156	問89
		問157、問158	問90
		問159、問160	
20章　キリスト者の自由と良心の自由について	1－4節		
21章　宗教的礼拝と安息日について	1－2節		
		問178	問98
		問179	
	3節	問185	
		問180－問182	

	4節	問183、問184	
		問186－問188	問99
		問189	問100
		問190	問101
		問191	問102
		問192	問103
		問193	問104
		問194	問105
		問195	問106
		問196	問107
	5－8節		
22章　合法的な宣誓と誓願について	1－7節		
23章　国家的為政者について	1－4節		
24章　結婚と離婚について	1－6節		
25章　教会について	1節	問64	
	2節	問62	
	3節	問63	
	4節		
	5節	問61	
	6節		
26章　聖徒の交わりについて	1節	問65、問66	
	2－3節		
		問82、問83	問36
		問86	問37
		問90	問38
27章　礼典について	1節	問162	問92
	2節	問163	
	3節	問161	問91
	4節	問164	問93
	5節		
28章　洗礼について	1節	問165	問94
	2－3節		
	4節	問166、問167	問95
	5－7節		
29章　主の晩餐について	1節	問168	問96
	2節		
	3節	問169	
	4－6節		
	7節	問170	
	8節		
		問171－問177	問97
30章　教会の譴責について	1－4節		
31章　総会議（シノッド）と大会議（カウンシル）について	1－5節		
32章　人間の死後の状態と死者の復活について		問84、問85	
	1節	問86	問37
	2節	問87	
	3節		

33章　最後の審判について	1節 2節 3節	問88 問89 問90	 問38

（参考）Morton H. Smith, *Harmony of the Westminster Confession and Catechisms*, Southern Presbyterian Press, 1990.

聖句索引

聖句の章節の後の数字は、ウェストミンスター大教理問答の番号。

旧約聖書

創世記

1章 15
1:2 11
1:26, 27 92
1:26–29 20
1:27 17
1:28 17, 20
2:2, 3 116, 121
2:3 20
2:7 17
2:8, 15, 16 20
2:9 20
2:15 141
2:16 22
2:17 20, 27, 92, 193
2:18 20
2:22 17
3:5 145
3:6 17
3:6–8, 13 21
3:8 20
3:8, 10, 24 27
3:12, 13 145
3:15 32
3:17 28, 193
3:19 141
4:9 145
4:13 28, 83, 105
4:20–22 124
6:5 25, 149
8:21 149
9:6 136
9:21 130
9:22 145
9:23 127
17:1 7
17:7 62, 101
17:7, 9 166, 177
17:7, 10 162
18:17, 19 156
18:19 99
18:27 185
21:9 145
26:7, 9 145
28:20 193
32:10 [32:11] 185, 193
32:11 [32:12] 183
34:14 162
37:21, 22 135
38:11, 26 130
38:24 145
38:26 139
39:8–10 138
39:10 139
43:12–14 193
45:7 18
45:8 124
45:11 127
47:12 127
47:14, 20 141
49:10 45
49:28 129

出エジプト記

1:14 136
3:14 7, 101
4:10–14 145
4:24–26 109
5:2 113
5:10–18 130
5:17 130
6:3 101
12章 162
12:15 171
12:48 162
14:31 104
16:22, 25, 26, 29 117
16:23 121
16:25–28 117
17:7 192
18:19, 24 127
20:1, 2 152
20:2 101
20:3 103
20:4–6 107
20:5, 6 110
20:7 99, 111, 114
20:8 117, 121
20:8, 10 117
20:8–11 115
20:9 120
20:10 99, 118, 120
20:11 120
20:12 99, 123, 133
20:13 134
20:14 137
20:15 140
20:16 143
20:17 146
21:14 151
21:15 128
21:18–36 136

22:2, 3　136
23:1　145
23:4, 5　141
23:12　118
24:7　157
24:8　174
28:38　78
32:5　109
32:8　109
34:1–4　98
34:6　7
34:13, 14　110
34:21　121

レビ記
5:1　145
6:2–5［5:21–24］　141
10:3　152, 174
11:44, 45　95, 152
18:1–21　139
18:30　101
19:3　127
19:11　145
19:12　114
19:15　144, 145
19:16　145
19:17　99, 136, 145
19:29　139
19:32　127
19:37　101
20:6　105
20:7, 8　95
20:15, 16　139
23:3　117
23:35　141
24:11　113
25:17　142
26:25　151

民数記
11:11, 12　125
11:28, 29　128
11:29　145
12:2　132
12:8, 9　151
14:2　192
14:22　151
15:30　151
15:39　109
25:6, 7　151
25:11　104
35:16–18, 21　136
35:31, 33　136

申命記
4:2　109
4:8, 9　99
4:15–19　109
5:1–3, 32, 33　93
5:12–14　116
5:14, 15　121
5:16　133
5:21　148
5:29　110
6:4　8
6:5　99, 104
6:6, 7　99, 129, 160
6:6–9　156
6:13　99, 108
7:5　108
8:3　193
8:17　105
8:17, 18　193
9:6, 24　105
10:4　98
12:30–32［12:30, 31, 13:1］　109
13:6–8［13:7–9］　109
13:6–12［13:7–13］　109
13:8［13:9］　145
17:17　130
17:18, 19　108
17:19　156
17:19, 20　157
18:10–14　113
19:14　142
20章　136
21:18–21　128
22:1–4　141
22:8　135
22:22　151
22:28, 29　151
23:17, 18［23:18, 19］　139
23:18［23:19］　113
25:3　130
26:17　104
28:15–68　28, 152, 193
28:58　112
28:58, 59　114
29:29［29:28］　105, 113
30:6　67
31:9, 11–13　156
32:4　7
32:6　151
32:15　105
32:16–20　110
32:46, 47　108
33:3　157

ヨシュア記
7:19　144
7:21　151
22:20　151
24:15　99, 118
24:15, 22　104

士師記
8:1–3　135

サムエル記上
1:13–15　145
1:15　185

2:1 185
2:12, 17, 22, 24 114
2:22–24 151
2:24 145
2:25 128, 151
2:29 105
2:29–31 130
3:13 114, 130
4:3–5 113
6:7–9 105
8:7 128
10:27 128
12:23 129
13:11, 12 109
14:45 135
15:21 109
15:22 91
17:28 145
17:43 113
19:4, 5 135, 144
22:9, 10 145
22:13, 14 135
22:14 144
24:12 135
25:22, 32–34 113
26:9–11 135
26:15, 16 127
28:7, 11 105

サムエル記下
1:9, 10, 15, 16 145
2:22 135
7:29 183
10:3 145
12:7–9 151
12:9 105
12:14 151
12:21–23 183
13:12, 13 145
13:14 139
13:28 130
14:17 16
14:18–20 144
15:1–22 128
15:25 192
16:3 145
16:5 113
16:22 151
18:3 127
23:5 79

列王記上
1:6 130, 145
2:19 127
3:28 129
8:25 133
8:27 7
8:39 179
8:47, 48 76
8:55, 56 129
11:4, 9 151
11:9–10 151
12:13–16 130
12:33 109
15:12 139
18:4 135
18:26, 28 109
21:4 148
21:9, 10 113
21:9–13 145

列王記下
2:12 124
5:13 124, 125
5:25 145
5:26 151
9:30 139
13:14 124
18:30, 35 113
19:15, 16 190
19:22 113
19:35 19
22:20 85
23:7 139
23:25 76

歴代誌上
10:13, 14 105
15:12–14 175
21:1 195
21:1–4 195
28:9 104, 106
29:10–13 196
29:18 175

歴代誌下
14:11 [14:10] 196
16:7–10 195
18:3 195
19:2 195
19:9 144
20:6, 10–12 190
20:6, 11 196
30:18, 19 171, 175
30:21 174
30:21–23, 25, 26 175
32:31 195
34:18, 19, 26–28 155
34:21 157
34:27 157

エズラ記
4:12, 13 145
9:10–12 151
9:13, 14 151

ネヘミヤ記
1:4–6 189
2:10 148
6:6–8 145
8:2, 3 156
8:3–10 157
8:6, 8 157

8:8 155
9:3–5 156
9:14 121
13:15–19, 21, 22 117
13:15, 17 118
13:15–23 121
13:19 117, 121

エステル記
3:7 113
5:13 148
6:2 127
6:3 129
6:12, 13 132
9:24 113
10:3 147

ヨブ記
1:5 129
1:12 19
1:21 192
1:22 105
4:6 145
11:7–9 7
13:7, 8 99
13:15 81
14:4 26
15:14 26
15:34 142
19:26, 27 86
20:19 142
21:14 192
27:5, 6 145
29:12–17 129
31:1 138
31:13, 14 145
31:19, 20 135
31:29 147
32:7, 9 151
35:11 17
36:21 99
36:24 112

詩編
1:1 113
1:2 157
2:6 42
2:8 62
2:8, 9 45
5:7 [5:8] 174
8 編 112, 190
10:17 172, 182
12:2, 3 [12:3, 4] 145
12:3, 4 [12:4, 5] 145
12:6 [12:7] 4
14:1 105
15:1, 4, 5 99
15:2 144
15:2, 4 141
15:3 144, 145
15:4 144
15:5 142
16:4 108
16:9 86
16:10 50
16:11 54, 90
17:1 185
19:1–3 [19:2–4] 2
19:7 [19:8] 99
19:7–9 [19:8–10] 4
19:8 [19:9] 155
19:10 [19:11] 157
19:11 [19:12] 155
19:11, 12 [19:12, 13]
95
19:13 [19:14] 105, 195
19:14 [19:15] 190
22:1 [22:2] 81
22:6 [22:7] 48
22:18 [22:19] 113
22:26 [22:27] 174
22:27–31 [22:28–32]
62
24:4 113
24:4, 5 99
26:6 171
28:7 175
28:9 183
29:2 104, 112
31:22 [31:23] 81, 172
32:5, 6 178
32:11 104
33:11 12
35:15, 16, 21 145
36:4 [36:5] 151
36:10 [36:11] 175
37:1, 7 142
37:4 104
37:8–11 135
37:21 142
39 編 113
42:1, 2, 5, 11 [42:2, 3,
6, 12] 172
42:5, 8 [42:6, 9] 175
43:3–5 175
44:20, 21 [44:21, 22]
106
45:7 [45:8] 42
45:11 [45:12] 110
45:17 [45:18] 62
50:5 174
50:14 175
50:15 179
50:16, 17 113
50:18 142
50:20 145
50:21 105
51:4 [51:6] 151
51:5 [51:7] 26
51:7–10, 12 [51:9–12,
14] 194
51:8, 12 [51:10, 14]
81

51:10 [51:12] 195
51:12 [51:14] 195
51:15 [51:17] 190
51:17 [51:19] 185
51:18 [51:20] 184
52:1 [52:3] 151
52:1–4 [52:3–6] 145
55:12–15 [55:13–16] 151
56:5 [56:6] 145
62:8 [62:9] 178
62:10 [62:11] 142
63:4, 5 [63:5, 6] 174
63:6 [63:7] 104
65:2 [65:3] 179
66:18–20 172
67 編 191
67:1–4 [67:2–5] 190
67:2, 3 [67:3, 4] 190
68:1, 18 [68:2, 19] 191
68:4 [68:5] 112
68:18 [68:19] 53
69:10 [69:11] 145
71:19 104
73:2, 3, 14, 15, 22 105
73:3 142
73:13, 22, 23 172
73:14, 15 113
73:15, 23 81
73:24–28 1
73:25 104
74:18, 22, 23 190
76:11 [76:12] 108
77:1–12 [77:2–13] 81, 172
78:5–7 156
78:17, 32, 56 150
78:22 105
78:34–37 151
81:11 [81:12] 105
81:11, 12 [81:12, 13] 68, 195
82:4 135
83 編 190
83:18 [83:19] 190
85:8 [85:9] 175
86:10–13, 15 190
88 編 81, 172
90:2 7
92 編表題 [92:1] 117, 121
92:13, 14 [92:14, 15] 121
95:6, 7 104
97:7 190
100:2 192
101:5 144
102:18 [102:19] 112
103:1 190
103:13 74
103:19 18
103:20, 21 16, 192
104:4 16, 19
104:24 18
105:2, 5 112
106:39 109
110 編 45, 54
110:3 45
112:9, 10 148
118:22, 24 121
119:1, 8, 35, 36 192
119:4, 5 192
119:6, 59, 128 76
119:11 160
119:15 104
119:18 157, 160
119:18, 129 4
119:69 145
119:80 192
119:97 157
119:112 192
119:133 195
119:140 4
122:6 184
122:7–9 147
123:1 175, 189
125 編 63
125:4 184
127:2 135
127:3–5 127
130:3, 4 194
130:7 104
138:1–3 190
138:2 112
139:1–13 7
139:20 113
140:4, 8 [140:5, 9] 190
145 編 190
145:17 18
145:18 185
145:18, 19 179
147:5 7
147:19, 20 63, 190

箴言

1:10, 11, 15, 16 135
1:19 99
1:23 32
2:1 160
2:1–6 153
2:1–7 157
2:14 151
2:16–21 138
2:17 151
3:5 157
3:29, 30 142
4:3, 4 127
5:7 139
5:8 138, 139
5:8, 9 145

5:8–12 151
5:19, 20 138
6:1–6 141
6:16, 19 145
6:30–35 151
6:32, 33 151
6:32–35 151
6:33 145
7:5, 21, 22 139
7:10, 13 139
7:13 151
7:14, 15 151
7:24–27 139
8:33–36 153
8:34 160
10:4 141
11:1 142
11:15 141
11:26 142
12:18 136
13:13 105
14:5, 25 144
14:26 74
14:30 136
15:1 135, 136
16:4 15
16:26 135
17:9 144
17:15 145
17:22 135
18:9 142
19:5 145
19:26 128
20:10 142
20:25 151
21:6 142
21:17 142
21:20 141
22:1 144
23:5 142
23:10 142
23:20, 21 142
23:22 127
23:22, 25 124
23:29 136
23:30, 33 139
23:35 151
24:11, 12 135
25:9, 10 145
25:16, 27 135
25:23 144
26:24, 25 144
27:22 151
27:23–27 141
28:13 145
28:19 142
29:1 151
29:11 145
29:12 145
29:15 129
29:24 142
30:8, 9 193
30:9 113
30:11, 17 128
30:17 99, 151
30:20 145
31:8, 9 135, 144
31:11, 27, 28 138
31:23 127
31:28 127

コヘレト書

2:22, 23 136
2:24 141
3:4, 11 135
3:12, 13 141
4:8 142
4:13 151
5:1 [4:17] 112, 185
5:2, 4–6 [5:1, 3–5] 112
5:4–6 [5:3–5] 151
5:12 [5:11] 135, 142
6:1, 2 136
6:2 142
7:20 149
7:29 17, 21
8:11 113
9:3 113
12:1 104
12:7 17
12:12 136

雅歌

3:4 175
5:1–6 175
5:2, 3, 6 81

イザヤ書

1:3 151
1:4, 5 105
1:10, 17 129
1:16, 18 175
3:5 128, 151
3:16 139
4:5, 6 63
5:4 113
5:8 142
5:12 113, 136
5:23 145
6:2, 3 192
6:3 7
6:3, 5, 8 11
8:13 104
8:20 3
9:6 [9:5] 11
9:6, 7 [9:5, 6] 42
19:21 108
22:13 113
23:15–17 139
26:4 104
26:10 151
28:29 18
30:22 76, 108

31:4, 5 63
33:14 28
33:22 45
34:16 156
38:1 141
38:3 192
38:21 135
40:11, 29, 31 172
40:18 105
42:6 32
42:25 105
43:10 104
43:22–24 105
44:6 101
45:23 104
49:23 124
50:10 81, 172
52:13, 14 48
53:2, 3 49
53:4–6, 10–12 71
53:10 49
53:10, 11 31
54:7–10 81, 172
55:1 171
55:4, 5 45
56:2, 4, 6, 7 116
56:10, 11 130
57:1, 2 85
57:2 86
57:17 151
58:3–5 151
58:13 99, 117, 119
59:2 181
59:4 145
59:13 145
59:21 2, 62
63:9 45
63:14 18
63:15, 16 189
64:1, 2［63:19, 64:1］ 191
64:6［64:5］ 78
64:9［64:8］ 189
65:3–5 109
65:11 109
66:2 157
66:23 117

エレミヤ書

2:8 151
2:20 151
2:27, 28 105
2:32 105
2:35 145
3:3 151
4:2 112
4:22 105
4:30 139
5:3 105, 151
5:4, 5 151
5:7 113, 139
5:25 193
6:13 193
6:16 151
7:4, 9, 10, 14, 31 113
7:8–10 151
7:10 151
7:18–20 110
7:23 104
9:3, 5［9:2, 4］ 145
10:10 8
13:15 105
14:7 194
14:15 158
14:22 104
17:5 105
17:20–22 118
17:21, 22 117
17:21–23 121
17:24, 27 119
18:7, 8 99
23:10 113
23:28 159
23:34, 36, 38 113
26:15, 16 135
31:3 79
31:18 104
31:18, 19 76, 192
32:39 112
32:40 79
34:8–11 151
38:4 145
42:5, 6, 20, 21 151
44:17 109
48:10 136
48:27 145
50:5 174

哀歌

1:7 121
3:39 27, 152
3:41 189

エゼキエル書

8:5–18 106
8:6, 13, 15 150
8:11, 12 151
11:19 67
13:19 151
13:22 113
14:5 105
14:6 76
16:26, 27 110
16:49 139
17:16, 18, 19 113
17:18, 19 151
18:18 136
18:28, 30, 32 76
20:12, 19, 20 121
22:12 142
22:26 119, 121
22:29 142
23:14–16 139

23:37–39 151
23:38 119
23:40 139
33:30–32 119
34:2–4 130
36:21–23 114
36:26, 27 67
36:27 32, 77
36:31 76

ダニエル書
3:4–6 130
3:18 109
4:30 [4:27] 105
5:22 151
5:23 105
9:4 178
9:4, 7–9, 16–19 196
9:17 180
9:24, 26 71

ホセア書
2:2–4 [2:4–6] 110
2:6, 7 [2:8, 9] 76
4:1, 6 105
4:6 158
4:12 105
5:11 109
8:12 4
12:7 [12:8] 193
14:2 [14:3] 194

ヨエル書
2:12, 13 76, 108

アモス書
4:8–12 151
8:5 99, 119, 121, 142

ヨナ書
2:4, 7 [2:5, 8] 172

ミカ書
2:1 151
2:2 142
4:5 112
6:8 91, 95, 104, 192
6:16 109
7:7 185
7:18 179

ハバクク書
1:4 145
1:13 152
1:16 105

ゼファニヤ書
1:12 105
2:8, 10, 11 151
3:9 191

ゼカリヤ書
3:2 195
5:2–4 114
5:4 113
7:4, 10 141
7:11, 12 151
8:16 144
8:16, 17 141
8:17 113
12:2–4, 8, 9 63
12:10 76, 171, 174, 182
13:2, 3 109

マラキ書
1:6 104, 127
1:6, 7, 12 113
1:7, 8, 14 109
1:7, 13 109
1:8, 14 151
1:11 191
1:13 119
1:14 112

2:2 113
2:7 158
2:11, 12 139
2:14, 15 139
2:16 139
3:6 7
3:8 109
3:14 113
3:16 104, 112

新約聖書

マタイ福音書
1:21 41
1:21, 23 40
3:7, 8 153
3:11 163, 177
3:16, 17 9
3:17 38, 40
4:1–12 48
4:4, 7, 10 155
4:6, 7 135
4:7 105
4:9, 10 99
4:10 104, 105, 179
5:3, 4 172
5:17 48
5:17, 18 116
5:21–25 99
5:21–48 99, 113
5:21, 22, 27, 28 99
5:21, 22, 27, 28, 36–48 99
5:22 136, 151
5:23, 24 171
5:24 135
5:28 139
5:32 139
5:44 183
5:48 7
6:1, 2, 5, 16 113

6:9 112, 184, 187, 189, 190
6:9–13 186
6:10 191, 192
6:11 193
6:12 194
6:13 195, 196
6:14, 15 194
6:25, 31, 34 142
6:31, 34 136
6:32 74
7:1 145
7:3–5 145
7:6 173
7:11 184
7:12 122
7:21 61, 180
7:22 68
8:31 19
9:38 191
10:28 17
10:29–31 18
10:32 90
11:8 141
11:21–24 151
11:25, 26 13
11:28 172
12:1–13 117
12:7 99
12:20 172
12:31, 32 151
12:40 50
13:20, 21 68
14:8 130
15:4–6 99, 128
15:9 109
15:19 25, 139
16:19 108
18:6 151
18:7 151
18:10 192
18:15–17 108
18:17 151
18:17, 18 45
18:24, 25 194
18:35 194
19:5 139
19:10, 11 139
20:28 71
21:5 42
21:15 145
21:38, 39 151
22:5 109
22:14 61, 68
22:21 127
22:24–31 113
22:30 16
22:37–39 99
22:37–40 98
22:39 122, 141
23:2, 4 130
23:9 105
23:13 109
23:14 113
23:15 151
23:25 142
24:30 56
24:36 16
24:36, 42, 44 88
25:31 16, 56
25:33 87, 89, 90
25:34, 46 90
25:35, 36 135
25:41 152
25:41–43 89
25:41, 46 27
25:42, 43 136
25:46 88
26:26 171
26:26–28 162, 164, 168, 169
26:26, 28 170
26:27, 28 176
26:28 171, 172, 174
26:38 37
26:39 185
26:40, 41 192
26:41 195
26:56 49
26:60, 61 145
26:69–72 195
27:4 28, 49, 83
27:26–50 49
27:28, 29 145
27:46 49
28:18–20 42
28:19 9, 11, 35, 108, 162, 164, 165, 166, 176
28:19, 20 35, 53, 62, 154, 176
28:20 108

マルコ福音書

1:4 165
4:19 195
6:18 139
6:22 139
6:24 130
6:26 113
7:21, 22 193
8:38 19, 113
9:24 172
9:44 83
9:44, 46, 48 29
11:24 185
14:22–24 169
14:66–72 78
15:42 121
16:15 35
16:15, 16 63
16:16 60
16:19 51

ルカ福音書

1:6 76
1:27, 31, 35, 42 37
1:31 46
1:35 36
1:68, 69, 71, 74 38
1:68, 69, 74, 75 97
1:74, 75 101
1:75 93
2:7 47
4:13 48
4:16 117
4:18, 21 42
6:30, 38 141
8:15 160
8:18 160
9:26 56
9:44 160
9:54, 55 105
10:26, 27 93
10:26–28 157
10:27 102
10:33–35 135
11:2 187
11:2–4 186
11:4 194
11:13 189, 196
12:15 142
12:42 159
12:47, 48 151
13:3, 5 153
15:17, 18 76
15:17–19 185
16:5–7 145
16:10–12 142
16:23, 24 86
16:24 29
16:26 89
16:29, 31 3
18:9, 11 145
18:13, 14 185
18:15, 16 166
19:8 141, 145
21:34 136, 195
21:35, 36 88
22:19 174
22:19, 20 169
22:20 168
22:24 132
22:31, 32 195
22:32 79
22:44 49
23:43 17, 82, 85
23:54, 56 117, 121
24:14 160
24:39 52
24:45 157

ヨハネ福音書

1:1 11
1:1, 14 36
1:10–12 60
1:11, 12 58
1:12 32, 72, 73, 74
1:14 37
1:14, 18 10, 47
1:16 174
1:18 43
1:33 176
2:19 145
2:24, 25 11
3:6 26
3:16 32, 55
3:16, 18 153
3:34 42
4:22 60
4:24 7
5:25 67
5:27–29 87
5:28, 29 87
5:39 156
5:44 130
6:12 141
6:27 32, 42, 181
6:35 174
6:37 63
6:37, 39 59
6:44 67
6:45 67
6:64, 65 68
7:18 130, 159
7:37 171
7:46–49 130
8:24 60
8:44 19
8:49 144
10:15, 16 59
10:16 64
10:18 52
10:28 66, 79
10:30 9, 36
11:52 64
12:38–40 61, 68
12:41 11
13:27, 30 151
14:3 53
14:6 181
14:13, 14 180
15:5 149
15:15 43
15:22 151
15:26 10
16:2 105
16:8, 9 72
16:13, 14 4
16:23 178
16:24 180
17:5 54
17:9, 20 191
17:9, 20, 24 55
17:15 195
17:20 183
17:21 65

17:21–23 1
17:24 65
19:11 150
19:34 49
20:31 4, 43

使徒言行録
1:2, 3 53
1:9–11 53
1:11 51
1:24 179
1:24, 26 112
1:25 86
2:24 46
2:24, 25 38
2:24–27, 31 50
2:24, 27 52
2:28 54
2:28, 39 177
2:37 72, 172
2:37, 41 155
2:38 162, 166, 167
2:38, 39 166
2:39 62
2:39, 42 63
2:42 108, 174
2:42, 46 175
2:42, 46, 47 154, 175
2:46, 47 171
3:12 86
3:14, 15 56
3:20, 24 34
3:21 53, 170
3:21, 22 42
4:10, 11 121
4:12 60, 72
4:17, 18 130
4:18 113
4:27, 28 6
4:29, 30 191
5:3 105
5:3, 4 11
5:3, 8, 9 145
5:4 151
5:31 45
6:13 145
7:2 7
7:9 132
7:51 105
7:56, 57 145
8:13, 23 161
8:18 109
8:27–39 155
8:30, 34 157
8:36, 37 166
10:25, 26 105
10:33 108
10:43 4, 70, 72
11:18 75
11:18, 20, 21 76
12:5 189
12:22 145
13:10 113
13:44, 45 109
13:45, 46, 50 113
13:48 68
15:11 72
15:14–16 45
15:14, 15, 18 6
15:21 108
16:28 136
16:30 72, 172
16:30, 31 153
16:31 72
17:11 157, 160
17:16, 17 108
17:22 109
17:23 113
17:23, 29 105
17:24, 28 101
17:26 22
17:28 2
17:29 109
17:31 51, 56
18:17 130
18:25 159
18:28 4
19:9 113
19:13 113
19:19, 24, 25 142
20:7 116, 117
20:7, 9 119
20:21 153
20:27 159
20:28 38
20:32 4, 43, 155
21:14 192
23:12, 14 113
23:12, 16, 17, 21, 27 135
24:2, 5 145
24:15 87
24:16 93
24:24, 25 138
26:9 105
26:16–18 159
26:18 67, 76, 155
26:22 4
28:4 145
28:25 11
28:25–27 68

ローマ書
1:4 38, 52
1:8 144
1:16 155
1:19–20 2
1:20 96
1:21–23, 25 109
1:24, 26, 27 139
1:25 105
1:26 28
1:26, 27 151

1:28 28
1:29, 30 145
1:30 105
1:31 145
1:32 151
2:1 145
2:4 151
2:5 28, 105
2:9 83
2:14, 15 17, 92
2:15 96
2:15, 16 89
2:17–25 151
2:22 109
2:23, 24 113, 151
2:28, 29 163
3:5, 7 113
3:8 99, 105, 145
3:9–21 149, 194
3:9, 23 95
3:10–20 25
3:19, 27 4
3:20 95, 97
3:20–22 30
3:22, 24, 25, 27, 28 70
3:23 23
3:23–25 70
3:24, 25 71, 77
3:24–26 38, 194
3:28 73
3:29 101
4:5 70, 73
4:6–8 70
4:6, 8 77
4:11 34, 162, 172, 176
4:11, 12 166, 167
4:25 38, 52
5:1, 2 55, 83
5:5 83
5:6 25, 72
5:8–10, 19 71
5:12 23, 84
5:12–20 22
5:12, 19 25
5:15–21 31
5:17–19 70
5:19 48
6:1 113
6:2, 3 167
6:3, 4 162, 176
6:3–5 167
6:4 165
6:4–6 75
6:4, 6, 11 167
6:4, 6, 14 75
6:5 165
6:6, 14 77
6:9 50, 52
6:14 97
6:17 155
6:21, 23 28
6:22 167
6:23 27, 84
7:4, 6 97
7:7 95
7:7, 8 148
7:12 95, 152
7:14 99
7:18 192
7:18, 19 149
7:18, 23 78
7:22 97
7:23, 24 195
7:24, 25 97
8:1 97
8:3 94, 149
8:3, 4 97
8:7 192
8:7, 8 25
8:15 189
8:16 80
8:17 74
8:20–22 193
8:23 86
8:26 178
8:26, 27 182
8:27 179
8:28 45
8:30 69
8:32 71
8:33, 34 55, 77
8:34 52, 54
9:4 63
9:5 36
9:6 61
9:11 67
9:14, 15, 18 12
9:14, 19, 20 113
9:17, 18, 21, 22 13
9:22, 23 12
9:31, 32 60
10:1 191
10:2 105
10:4 60, 95
10:5 20, 92, 93
10:10 73
10:13, 14 105
10:13–17 155
10:14 179
10:14, 17 72
10:15 158
11:7 61
11:16 62, 166
11:25, 26 191
11:33 12
11:36 1, 18
12:1, 2 91
12:2 97
12:10 126, 131
12:11 104, 192
12:15 147
12:15, 16 131
12:16 145

12:17, 20, 21 135
12:19 136
13:1–5 127
13:3 129
13:3, 4 129
13:6, 7 127
13:7 141
13:8 132
13:9 148
13:10 135
13:13 136, 139
13:13, 14 113
14:9 52
14:10, 11 45
14:13, 15, 21 151
14:17 83
15:29, 30, 32 191
15:4 4, 155
15:8 34, 162
15:9–12 62
15:13 194
15:30 196
16:20 195
16:25 155
16:27 7

第一コリント書
1:2 62, 179
1:4, 5, 7 144
1:8, 9 79
1:9 66
1:11–13 167
1:13 77
1:20–24 60
1:30 69
2:4 159
2:6, 7, 13 4
2:9, 10 2
2:10, 11 11
2:10, 12 67
2:12 80
2:14 192
3:2 159
3:6, 7 161
4:1 176
4:1, 2 159
4:6 145
4:14–16 125
5章 108, 173
5:1 139, 151
5:4, 5 45
5:7 34, 171
5:7, 8 171
5:8 171
6:1–9 141
6:2, 3 90
6:5, 6 113
6:6–8 142
6:8 151
6:10 145
6:11 75, 77
6:17 66
7:2, 9 138
7:2, 35, 36 138
7:5 108
7:7–9 139
7:12, 13 139
7:14 62, 166, 177
7:20 141
7:34 138
8:4, 6 8
8:11, 12 151
8:12 151
9:7–15 108
9:19–22 159
10:3–5, 11, 14 174
10:3–5, 12 175
10:10 148
10:11 155
10:12, 13 195
10:14–16, 21 168
10:16 162, 168, 170, 176, 177
10:16, 17 171
10:17 168
10:20–22 110
10:21 162
10:31 1, 112
11:17, 26, 27 174
11:17, 30, 31 175
11:18, 20 171
11:20, 21 151
11:20, 23 164
11:23 176
11:23, 24 169
11:23–25 35
11:23–26 168, 177
11:23–30 108
11:24, 25 162, 171
11:24, 25, 28, 29 112
11:24–26 168
11:24–29 170
11:25, 26 175
11:25, 26, 28 171
11:26 174, 176
11:27–34 173
11:28 171, 172
11:28, 29 177
11:29 171, 174
11:31 171, 174
12:13 62, 161, 162, 165
12:13, 25–27 167
12:28 45, 108
12:28, 29 158
13:4–7 147
13:5 145
13:6, 7 144
13:7 144
13:12 86, 90
14:6, 9, 11, 12, 15, 16, 24, 27, 28 156
14:15 185
14:16 196

14:19 159
14:24, 25 155
15:3, 4 50
15:4 51
15:20 52
15:21, 22 22, 52
15:21–23, 42–44 87
15:25 45
15:25–27 52
15:26, 56 85
15:29 165
15:51–53 87
16:1, 2 116, 117

第二コリント書
1:17, 18 144
1:20 57
1:22 83
1:24 99, 105
2:4 144
2:7 173
2:14, 15 190
2:17 159
3:5 190
3:6 158
3:6–9 33
3:6–18 35
3:13–16 157
3:18 82, 155
4:2 159
4:13 32, 59, 72
5:1, 6, 8 86
5:13, 14 159
5:14, 15 32
5:19, 21 70
5:20 67
5:21 71
6:1, 2 67
6:18 74
7:1 77
7:11 76, 175
8:9 46
10:4–6 155
11:3 21
12:7, 8 195
12:14 125
12:15 151, 159
12:19 159
12:21 144
13:5 171
13:7, 9 195
13:14 [13:13] 9, 11

ガラテヤ書
1:8, 9 3
1:13, 14 109
2:11, 12 78
2:11–14 151, 195
2:16 70, 73, 94
3:1, 3 113
3:7–9, 14 34
3:9, 14 166
3:10 93, 96, 152
3:10, 12 24, 30, 93
3:11 73
3:12 20
3:13 49
3:13, 14 97
3:16 31
3:21 30
3:21, 22 95
3:24 96
3:26, 27 165, 167
3:27 162, 165, 177
4:4 36, 37, 39, 47, 48
4:4, 5 74, 97
4:5 39
4:6 10, 38, 74
4:8 109
4:17 105
4:19 124
4:29 145
5:15 136
5:17 149, 195
5:19 139
5:20 105
5:22, 23 32
5:23 97
5:24 75
5:26 99, 132, 148
6:6 127
6:10 141
6:14 141

エフェソ書
1:4 75
1:4–6 13
1:4, 11 12
1:5 69, 74
1:6 38, 55
1:6, 7 194
1:7 70, 71
1:10, 22, 23 64
1:11 12, 14
1:13 72, 81
1:13, 14 59
1:17, 18 190, 192
1:17–19 72
1:18–20 67
1:20 51
1:20, 22, 23 52
1:22 54, 66
2:1 72
2:1–3 25
2:1, 5, 6 52
2:2 192
2:2, 3 27, 191
2:4, 5, 7–9 67
2:5 67
2:5, 6 65, 83
2:6–8 66
2:8 59, 71
2:10 32

2:11, 12　162
2:12　60, 105
2:20　3
3:12　181
3:14–17　195
3:14–20　191
3:16　192
3:16–19　75
3:20, 21　196
4:2–5　162
4:2, 32　135
4:8　28, 53
4:8–11　158
4:10　53, 86
4:10–12　54
4:11, 12　45, 63, 108
4:11–13　43
4:12　159
4:23, 24　75
4:24　17
4:25　144
4:26, 27　135
4:28　99, 141, 142, 193
4:30　105, 151
4:31　136
5:3, 4　139
5:4　139
5:6　152
5:11　99
5:15–17　113
5:20　108
5:21　126
5:23　60
5:23, 30　66
5:26　165
5:27　85, 90
5:28, 29　135
6:1, 2　124
6:1, 2, 5–7　127
6:2, 3　133
6:4　125, 129, 130
6:16, 17　155
6:18　183, 185
6:18, 19　160
6:18–20　191

フィリピ書

1:9, 11　190
1:15–17　159
1:23　85, 86
1:27　112
2:3, 4　131
2:4　141
2:6　36
2:6–8　46
2:8　49
2:8–11　42
2:9　54
2:13　67
2:21　105, 130
3:4–9　60
3:8, 9　172
3:9　70, 72, 73, 174
3:12–14　77
3:17　127
3:21　87
4:6　104, 108, 178, 185, 193, 196
4:8　144

コロサイ書

1:10, 11　75
1:12–14　97
1:16　11, 16
1:18　52
1:28　159
2:9　36
2:11, 12　166, 167
2:12　52, 176
2:18　105
2:20–22　113
2:21–23　109
3:1, 2　53
3:2　142
3:2, 5　105
3:5　99, 139, 148, 151
3:9　145
3:10　17
3:12, 13　135
3:17　112, 181
3:19　129
3:21　99, 130
4:3　183
4:6　138
4:12　159

第一テサロニケ書

1:9　105
2:4–6　159
2:7, 8, 11　125
2:13　160
2:15, 16　109, 151
2:16　113
3:2, 10, 11, 13　155
3:10, 12　135
3:13　195
4:4　138
4:6　142
4:11　135
4:14　86
4:15–17　87
4:16　56
4:17　82, 90
4:17, 18　90
5:9　30
5:14　135
5:22　99
5:23　93, 195

第二テサロニケ書

1:7　16
1:8, 9　45, 60, 89
1:9　29

1:11 191
2:10 160
2:11 28
2:13 75
2:13, 14 13, 67
2:16, 17 191
3:1 190, 191
3:11 142
3:11, 12 193

第一テモテ書
1:4, 6, 7 113
1:5 147
1:8 94
1:9, 10 96
1:10 142
2:1, 2 127, 183, 191
2:5 36, 181
2:5, 6 71
2:8 112, 185
2:9 138
3:2, 6 158
3:10 158
4:3 139
4:3–5 193
4:10 63
4:12 129
4:14 158
4:16 159
5:1, 2 124
5:8 129, 141, 142
5:17, 18 108, 127
5:21 13, 19
5:22 99, 158, 173
5:23 135
6:4 145
6:4, 5, 20 113
6:5 142
6:6 147
6:6–8 193
6:6–9 141
6:10 99, 151
6:13, 14 108
6:15 7
6:17, 18 141

第二テモテ書
1:4, 5 144
1:8, 9 67
1:13 5
2:14 113
2:15 159
2:19 79, 172
2:20 13
2:25 76
2:26 27
3:2 105, 145
3:3 132, 145
3:4 105
3:5 113
3:15–17 2, 3, 155
3:16 3
4:2 108, 159
4:3, 4 113
4:16 145

テトス書
1:16 105
2:1, 8 159
2:3–5 129
2:4 129
2:9, 10 127
2:11–14 97
2:13, 14 38
2:15 129
3:4, 5 67
3:4–7 30
3:5, 6 58
3:5, 7 70
3:5 165, 177
3:9 113
3:10 105, 151
3:10, 11 151

ヘブライ書
1:1, 2 43
1:3 18, 55
1:5, 6, 8 10
1:14 19
2:1 160
2:2, 3 151
2:14 39, 52
2:15 85
2:16 19, 39
2:17 44
2:17, 18 48
3:12 105
4:2 160
4:12 4
4:13 7
4:14, 15 42
4:14–16 180
4:15 37, 39, 48
4:16 39, 55
5:4 158, 176
5:5–7 42
5:8, 9 38
5:12–14 77, 159
6:4, 5 68, 151
6:6 113
6:9 144
6:11, 12 75, 80
6:12 74
6:20 53
7:7 129
7:22 71
7:24, 25 36, 39
7:25 44, 79
7:25–27 181
7:25–28 38
7:26 37
8–10 章 34
8:6, 10, 11 35

9:11–16 38
9:12 57
9:12, 24 55
9:14 38, 40
9:14, 28 44
9:22 152, 194
9:27 84
10:1 34
10:10 71
10:21, 22, 24 171
10:24, 25 99
10:27 83
10:29 113, 151
10:39 72
11:3 15, 34
11:6 6
11:25 99
12:1 78
12:2 49
12:2, 3 48
12:9 127, 135
12:10 130
12:16 105
12:22 19
12:22, 23 90
12:23 86
12:25 151
12:28 174
13:4 139
13:5 147
13:7 127
13:15 181
13:17 127
13:20, 21 79, 195

ヤコブ書
1:6 185
1:14 195
1:14, 15 25, 151
1:17 7
1:18 4
1:21 160
1:21, 22 108
1:25 160
2:10 99
2:10, 11 95, 152
2:15, 16 136, 142
2:18, 22 32
3:2 149
3:2–13 149
3:14, 16 148
3:17 135
4:3 193
4:7 104
4:11 145
4:17 151
5:4 142
5:7–11 135
5:16 183, 185

第一ペトロ書
1:5 79
1:10–12 43
1:15–18 101
1:18 109
1:18, 19 71, 152
2:1, 2 160
2:5 55
2:6 40
2:8 13
2:12 112
2:13, 14 127
2:14 129
2:17 126, 131
2:18 127
2:18–20 127, 130
3:2 138
3:4 135
3:6 127
3:7 129, 138
3:8–11 135
3:15 112
3:21 161, 163, 167
3:22 54
4:3 139
4:4 113
4:8 144
5:8–10 195
5:10 66

第二ペトロ書
1:2 194
1:8, 9 113
1:19–21 3, 157
2:4 16, 19, 88
2:14 139
2:20–22 151
3:3 113
3:16 113

第一ヨハネ書
1:8, 10 77, 149
2:1, 2 55
2:3 80
2:12–14 77
2:15, 16 105
2:20, 27 4
2:27 79
3:1 74
3:2 86, 90
3:4 24, 152
3:9 75, 79, 81
3:12 113
3:14, 18, 19, 21, 24 80
3:15 136
3:17 141, 142
3:22 104
4:1 105
4:13, 16 80
5:7 6, 9
5:11, 12 32
5:13 80, 172
5:13–15 180

5:14 184, 186
5:16 150, 183
5:20 11

第二ヨハネ書
4 144

第三ヨハネ書
3, 4 144
9 132
10 151
12 144

ユダ書
4 13, 113
6 19
6, 7 86
6, 7, 14, 15 88
7 27
8 151
16 145
20 75
23 99, 173
24 195

ヨハネ黙示録
1:3 156
1:5 165
1:10 116, 121
1:18 52
2:2, 14, 15, 20 109
2:10 45
3:1 105
3:12 74
3:16 105
3:19 45
4:8 7
4:8–11 191
7:9 62
12:10, 11 191
14:13 85, 90
15:3, 4 110, 112
15:4 7
17:6 151
17:12, 16, 17 109
18:13 151
19:10 105
22:12 45
22:17 174
22:18, 19 3
22:20 191
22:20, 21 196

目次

凡例　4

ウェストミンスター大教理問答　7

解説　133

訳者あとがき　139

ウェストミンスター信仰告白・大教理問答・小教理問答〈対観表〉　i

聖句索引　vi

凡例

一　底本は、ウェストミンスター神学者会議が一六四八年四月一四日に議会両院に提出した聖句付き初版である（*The Westminster Standards, An Original Facsimile by The Assembly of Divines*, New Jersey: Old Paths Publications, 1977 所収）。それをJohn R. Bower, *The Larger Catechism, a critical text and introduction*, Grand Rapids: Reformation Heritage Books, 2010と照合した。

二　底本では問答に番号は付されていないが、便宜上番号を入れた。また底本では引証聖句はアルファベットで表示されているが、問答ごとの数字で代用した。

三　底本の証拠聖句はKing James Versionによるものである。それゆえ、該当箇所が『聖書　新共同訳』と異なる場合は、［　］内に『聖書　新共同訳』の箇所を記した。

四　本文中の（　）は原文のままであるが、［　］は訳者の註記である。

五　翻訳に当たって参照した日本語訳・英語版は以下の通りである。

- 岡田稔訳『ウェストミンスター大教理問答書』活水社書店、一九五〇年。
- 日本基督改革派教会信条翻訳委員会訳『ウェストミンスター大教理問答』新教新書、一九六三年。

- 鈴木英昭訳『ウェストミンスター信仰基準』つのぶえ社、一九九七年。
- 松谷好明訳『改訂版　ウェストミンスター信仰規準』一麦出版社、二〇〇四年。
- 宮﨑彌男訳『ウェストミンスター大教理問答』教文館、二〇一四年。
- *Westminster Confession of Faith*, Free Presbyterian Publications, 1990.
- *The Westminster Standards*, Great Commission Publications, 1991.
- *The Westminster Confession of Faith and The Modern Language Revision of the Westminster Confession of Faith and The Testimony of the Reformed Presbyterian Church of North America*, Crown and Covenant Publications, 1992.

ウェストミンスター大教理問答　一六四八年

問1 人間の主要な、最高の目的は何ですか。

答 人間の主要な、最高の目的は、神の栄光をたたえ、[1] 永遠に、十分に神を喜ぶことです。[2]

(1) ロマ11・36、Ⅰコリ10・31
(2) 詩73・24-28、ヨハ17・21-23

問2 神が存在されることは、どのようにしてわかりますか。

答 人間の内にある自然本性の光そのものと、神の御業は、神が存在されることを明らかに示しています。[1] しかし、神の言葉と霊だけが、人間に対して、彼らの救いのために、神を十分かつ有効に啓示します。[2]

(1) ロマ1・19-20、詩19・1-3〔19・2-4〕、使17・28
(2) Ⅰコリ2・9、10、Ⅱテモ3・15-17、イザ59・21

問3 神の言葉とは何ですか。

答 旧約と新約の聖書が神の言葉であり、[1] 信仰と服従の唯一の規範です。[2]

(1) Ⅱテモ3・16、Ⅱペト1・19-21
(2) エフェ2・20、黙22・18、19、イザ8・20、ルカ16・29、31、ガラ1・8、9、Ⅱテモ3・15-17

問4 聖書が神の言葉であることは、どのようにしてわかります

か。

答 聖書は、その威厳[1]と純粋さ[2]により、すべての部分の一致[3]と、すべての栄光を神に帰するという全体の目指す目標[4]により、さらに、罪人に罪を自覚させて回心させ、信仰者を力づけ建て上げて救いに至らせる、その光と力とによって[5]、それ自身が神の言葉であることを明らかにしています。しかし、人の心の中で、聖書により、聖書とともに証しされる神の霊だけが、聖書がまさしく神の言葉であることを十分に納得させることができます[6]。

(1) ホセ8・12、Iコリ2・6、7、13、詩119・18、129
(2) 詩12・6〔12・7〕、詩119・140
(3) 使10・43、使26・22
(4) ロマ3・19、27
(5) 使18・28、ヘブ4・12、ヤコ1・18、詩19・7－9〔19・8－10〕、ロマ15・4、使20・32
(6) ヨハ16・13、14、Iヨハ2・20、27、ヨハ20・31

問5 聖書は主に何を教えていますか。

答 聖書は主に、人間が神について何を信じなければならないか、また、神は人間にどのような義務を求めておられるかを教えています[1]。

(1) IIテモ1・13

問6 聖書は神について何を知らせていますか。

(1) ヘブ11・6

答 聖書は、神とは何であるか、[1] 神「であること」のうちにある位格、[2] 神の聖定、[3] 神の聖定の遂行[4]を知らせています。

問7 神とは何ですか。

答 神は、存在[1]と栄光[2]と幸福[3]と完全さ[4]において、自立自存で無限である霊であり、[5] 全く満ち足りており、[6] 永遠、[7] 不変で、[8] とらえ尽くすことができず、[9] どこにでもおられ、[10] 全能で、[11] すべてのことを知っておられ、[12] 最も賢く、[13] 最も聖であり、[14] 最も正しく、[15] 最も憐れみ深く恵みに富み、忍耐強く、いつくしみとまことにおいて豊かです。[16]

問8 ひとりより多くの神が存在しますか。

答 ただひとりの神だけがおられます。それは、生けるまことの神です。[1]

問9 神「であること」には、いくつの位格がありますか。

(2) Iヨハ5・7
(3) 使15・14、15、18
(4) 使4・27、28

(1) 出3・14、ヨブ11・7–9
(2) 使7・2
(3) Iテモ6・15
(4) マタ5・48
(5) ヨハ4・24
(6) 創17・1
(7) 詩90・2
(8) マラ3・6、ヤコ1・17
(9) 王上8・27
(10) 詩139・1–13
(11) 黙4・8
(12) ヘブ4・13、詩147・5
(13) ロマ16・27
(14) イザ6・3、黙15・4
(15) 申32・4
(16) 出34・6

(1) 申6・4、Iコリ8・4、6、エレ10・10

答 神［であること］には、三つの位格があり、それは父、子、そして聖霊です。これら三つの位格は、それらの位格的固有性によって区別されますが、本質において同一であり、力と栄光において同等の、ひとりの、まことの、永遠の神です。(1)

(1) Ⅰヨハ5・7、マタ3・16、17、マタ28・19、Ⅱコリ13・14［13・13］、ヨハ10・30

問10 神［であること］の三つの位格の位格的固有性とは何ですか。

答 子を生むことは父に、(1) 父から生まれることは子に、(2) 全くの永遠から、父と子から発出することは聖霊に、(3) 固有です。

(1) ヘブ1・5、6、8
(2) ヨハ1・14、18
(3) ヨハ15・26、ガラ4・6

問11 子と聖霊が父と同等の神であることは、どのようにしてわかりますか。

答 聖書は、神だけに固有である名前、(1) 属性、(2) 御業、(3) 礼拝を、(4) 子と聖霊に帰することによって、子と聖霊が父と同等の神であることを明らかにしています。

(1) イザ6・3、5、8、さらにヨハ12・41、使28・25も参照、Ⅰヨハ5・20、使5・3、4
(2) ヨハ1・1、イザ9・6［9・5］、ヨハ2・24、25、Ⅰコリ2・10、11
(3) コロ1・16、創1・2
(4) マタ28・19、Ⅱコリ13・14［13・13］

問12　神の聖定とは何ですか。

答　神の聖定とは、神の御意志の計らいによる、賢く、自由な、聖い決定です[1]。これによって神は、全くの永遠から、御自身の栄光のために、時間の中で起こってくることを何でもすべて、特に天使と人間に関して、不変的に、あらかじめ定めておられます[2]。

(1) エフェ1・11、ロマ11・33、ロマ9・14、15、18
(2) エフェ1・4、11、ロマ9・22、23、詩33・11

問13　神は、天使と人間に関して、特に何を聖定しておられますか。

答　神は、永遠で不変の聖定により、御自身の完全な愛から、しかるべき時に現される神の栄光ある恵みが賛美されるために、ある天使たちを栄光へと選ばれ[1]、また、キリストにおいて、ある人間たちを永遠の命へと、その手段とともに選ばれました[2]。さらに神は、御自身の主権的力と、御自身の意志の計り知れない意向（それによって神は、よしとされ

(1) Ⅰテモ5・21
(2) エフェ1・4−6、Ⅱテサ2・13、14

るままに愛顧を施しまた控えもなさいます）に従い、自らの正義の栄光が賛美されるように、その他の者たちを見過ごし、自らの罪のために科される恥辱と怒りにあらかじめ定められました[3]。

（3）ロマ9・17、18、21、22、マタ11・25、26、Ⅱテモ2・20、ユダ4、Ⅰペト2・8

問14 神はその聖定を、どのように遂行されますか。

答 神は、その誤ることのない予知と、御意志の自由で不変の意向とに従い、創造と摂理の御業において、その聖定を遂行されます[1]。

（1）エフェ1・11

問15 創造の御業とは何ですか。

答 創造の御業とは、神が、初めに、御自身の力ある言葉によって、世界とその中にあるすべてのものを、無から、御自身のために、六日間で、極めてよく造られたことです[1]。

（1）創1章、ヘブ11・3、箴16・4

問16 神は天使をどのように創造されましたか。

答　神はすべての天使を、(1)不死で、(2)聖く、(3)知識において比類なく、(4)力において強力で、(5)御自身の戒めを遂行し、御名を賛美する霊として、(6)しかし変わることもあるものとして創造されました。(7)

(1) コロ1・16
(2) マタ22・30
(3) マタ25・31
(4) サム下14・17、マタ24・36
(5) Ⅱテサ1・7
(6) 詩103・20、21
(7) 詩104・4
(8) Ⅱペト2・4

問17　神は人間をどのように創造されましたか。

答　神は、他のすべての被造物を造られた後に、人間を男性と女性に創造され、(1)男性の体は土のちりから、(2)女性は男性のあばら骨から形づくり、(3)彼らに、生ける、理性的で不死の霊魂を賦与されました。(4)彼らは知識と義と聖において御自身のかたちにしたがい、(5)神の律法をその心に記され、(6)同時にそれを履行する力を持ち、(7)被造物に対する支配権を有する者として、(8)しかし堕落することもあるものとして造られました。(9)

(1) 創1・27
(2) 創2・7
(3) 創2・22
(4) 創2・7、さらにヨブ35・11、コヘ12・7、マタ10・28、ルカ23・43も参照
(5) コロ3・10
(6) エフェ4・24
(7) 創1・27
(8) ロマ2・14、15
(9) コヘ7・29
(10) 創1・28
(11) 創3・6、コヘ7・29

問18　神の摂理の御業とは何ですか。

答　神の摂理の御業とは、神がその全被造物を、最も聖く、(1)賢く、(2)力強く、保ち、(3)治めておられることで、(4)神は、御自身の栄光のために、(5)全被造物とそれらのすべての行動を秩序づけておられます。(6)

(1) 詩145・17
(2) 詩104・24、イザ28・29
(3) ヘブ1・3
(4) 詩103・19
(5) ロマ11・36、イザ63・14
(6) マタ10・29–31、創45・7

問19　天使に対する神の摂理とは何ですか。

答　神は、御自身の摂理により、ある天使たちが、自発的に、回復できないほどに、罪と滅びに堕落することをお許しになり、(1)その堕落と彼らのすべての罪を御自身の栄光のために制限し、秩序づけておられます。(2)また神は、残りの天使たちを聖さと幸福の内に確かなものとし、(3)彼らすべてを、(4)御自身の力と憐れみと正義の行使のために、御心のままに用いられます。(5)

(1) ユダ6、IIペト2・4、ヘブ2・16、ヨハ8・44
(2) ヨブ1・12、マタ8・31
(3) Iテモ5・21、マコ8・38、ヘブ12・22
(4) 詩104・4
(5) 王下19・35、ヘブ1・14

問20　創造された状態にあった人に対する神の摂理とは何ですか。

答　創造された状態にあった人に対する神の摂理は、彼を楽園

に置き、そこを耕すことを命じ、地の産物を食べる自由を与え、[1] 被造物を彼の支配下に置き、[2] 彼の助けのために結婚を定めたこと、[3] また、彼に御自身との交わりを与え、[4] 安息日を制定し、[5] 本人自身の完全で永続的な服従を条件に、彼と命の契約を結び、[6] 命の木をその保証とされたこと、[7] 死を罰として、善悪の知識の木から食べることを禁じられたことです。[8]

(1) 創2・8、15、16
(2) 創1・28
(3) 創2・18
(4) 創1・26-29、創3・8
(5) 創2・3
(6) ガラ3・12、ロマ10・5
(7) 創2・9
(8) 創2・17

問21 人間は、神が最初に創造された状態にとどまりましたか。

答 わたしたちの最初の先祖たちは、彼ら自身の意志の自由にまかされていたところ、サタンの誘惑により、禁じられていた果実を食べて神の戒めに違反しました。それによって彼らは、創造された時の無罪の状態から堕落しました。[1]

(1) 創3・6-8、13、コヘ7・29、IIコリ11・3

問22 全人類は、その最初の違反において堕落しましたか。

答 契約は公人としてのアダムと結ばれたものであり、彼自身

のためだけでなく、彼の子孫のためにも結ばれていたので、通常の出生によってアダムから生まれてくる全人類は[1]、その最初の違反において、彼にあって罪を犯し、彼と共に堕落しました[2]。

(1) 使17・26
(2) 創2・16、さらにロマ5・12–20、Iコリ15・21–22も参照

問23 堕落は人類をどのような状態に至らせましたか。

答 堕落は人類を罪と悲惨の状態に至らせました[1]。

(1) ロマ5・12、ロマ3・23

問24 罪とは何ですか。

答 罪とは、理性的被造物に対する規範として与えられた神の律法に少しでもかなわないこと、あるいは、それに違反することです[1]。

(1) Iヨハ3・4、ガラ3・10、12

問25 人が堕落した状態の罪性はどの点にありますか。

答 人が堕落した状態の罪性は、アダムの最初の罪の罪責と[1]、彼の創造されたときに持っていた義を失っていることと、彼の

(1) ロマ5・12、19

本性の腐敗にあります。この本性の腐敗によって人は、霊的に善であるすべてのものに対して全く気が向かず、それを行い得ず、それに逆らい、すべての悪に全面的に、しかも継続的に傾くものになっています。(2) この本性の腐敗は一般に原罪と呼ばれ、ここからすべての現実の違反が生じます。(3)

(2) ロマ3・10–20、エフェ2・1–3、ロマ5・6、ロマ8・7、8、創6・5
(3) ヤコ1・14、15、マタ15・19

問26 原罪は、わたしたちの最初の先祖たちから、どのようにその子孫に伝えられるのですか。

答 原罪は、自然的出生によって、わたしたちの最初の先祖たちからその子孫に伝えられます。そのため、そのような仕方で彼らから出るすべての者は、罪の内にみごもられ、生まれるのです。(1)

(1) 詩51・5［51・7］、ヨブ14・4、ヨブ15・14、ヨハネ3・6

問27 堕落は人類にどのような悲惨をもたらしましたか。

答 堕落は人類に、神との交わりの喪失と、(1) 神の不興と呪いを

(1) 創3・8、10、24

もたらしました。そのためわたしたちは、生まれながらにして怒りの子、(2)サタンの奴隷であり、(3)この世においても、来《きた》るべき世においても、あらゆる罰を受けて当然の者です。(4)

(2) エフェ2・2、3
(3) Ⅱテモ2・26
(4) 創2・17、哀3・39、ロマ6・23、マタ25・41、46、ユダ7

問28 この世における罪の罰とは何ですか。

答 この世における罪の罰とは、内的には、知性が光を失うこと、(1)邪悪な思い、(2)全くの思い違い、(3)心のかたくなさ、(4)良心のおびえ、(5)恥ずべき情欲であり、(6)外的には、わたしたちのゆえに被造物に下されている神の呪いと、(7)わたしたちの体、名声、生活状態、人との関係、仕事においてわたしたちに降りかかるあらゆる害悪、(8)ならびに死そのものです。(9)

(1) エフェ4・8
(2) ロマ1・28
(3) Ⅱテサ2・11
(4) ロマ2・5
(5) イザ33・14、創4・13、マタ27・4
(6) ロマ1・26
(7) 創3・17
(8) 申28・15–68
(9) ロマ6・21、23

問29 来るべき世における罪の罰とは何ですか。

答 来るべき世における罪の罰とは、神の慰めに満ちた臨在から永久に切り離されることと、地獄の火の中で、永遠に絶え間なく、霊魂と体に受ける最も苛酷な責め苦です。(1)

(1) Ⅱテサ1・9、マコ9・44、46、48、ルカ16・24

問30 神は全人類を、罪と悲惨の状態のうちに滅びるままにしておかれますか。

答 神は、すべての人が、通常、行いの契約と呼ばれている第一の契約を破ることによって陥った罪と悲惨の状態のうちに滅びるままにはされません(1)。神は、ただ御自身の愛と憐れみにより、御自身の選びの民をその状態から解放し、通常、恵みの契約と呼ばれる第二の契約によって、彼らを救いの状態に入れられます(2)。(3)

(1) ガラ3・10、12
(2) Iテサ5・9
(3) テト3・4-7、ガラ3・21、ロマ3・20-22

問31 恵みの契約は誰と結ばれましたか。

答 恵みの契約は、第二のアダムであるキリストと、また、キリストにあって、かれの子孫であるすべての選びの民と結ばれました(1)。

(1) ガラ3・16、ロマ5・15-21、イザ53・10、11

問32 神の恵みは、第二の契約においてどのように明らかにされ

ていますか。

答 神の恵みは、第二の契約において次のように明らかにされています。すなわち、神は罪人に、仲介者と、その方による命と救いを無償で備え、提供しておられます。[1][2] また神は、罪人を仲介者にあずからせる条件として信仰を求めつつ、[3] 御自身のすべての選びの民にかれの聖霊を約束し、与えられます。[4] 聖霊は彼らの内に、その信仰を起こし、[5] すべての他の救いの恵みの賜物をもたらし、[6] 彼らが、全き聖い服従ができるようにさせられます。[7] この服従は、神に対する彼らの信仰[8]と感謝[9]が真実であることの証拠であり、また、神が彼らに定められた救いに至る道でもあります。[10]

(1) 創3・15、イザ42・6、ヨハ6・27
(2) Ⅰヨハ5・11、12
(3) ヨハ3・16、ヨハ1・12
(4) 箴1・23
(5) Ⅱコリ4・13
(6) ガラ5・22、23
(7) エゼ36・27
(8) ヤコ2・18、22
(9) Ⅱコリ5・14、15
(10) エフェ2・10

問33 恵みの契約は、常に全く同一の仕方で執行されましたか。

答 恵みの契約は、常に同じ仕方で執行されたのではなく、旧約のもとでの執行は、新約のもとでの執行とは異なっていました。[1]

(1) Ⅱコリ3・6－9

問34 恵みの契約は、旧約のもとではどのように執行されましたか。

答 恵みの契約は、旧約のもとでは、約束(1)、預言(2)、犠牲(3)、割礼(4)、過越(5)、その他の予型や規定によって執行されました。これらはすべて来るべきキリストをあらかじめ示しており、選ばれた者たちに、約束のメシアに対する信仰を建て上げるのに、その時代にとっては十分でした(6)。このメシアによって当時彼らは、罪の完全な赦しと永遠の救いを得ていました(7)。

(1) ロマ15・8
(2) 使3・20、24
(3) ヘブ10・1
(4) ロマ4・11
(5) Ｉコリ5・7
(6) ヘブ8－10章、ヘブ11・3
(7) ガラ3・7－9、14

問35 恵みの契約は、新約のもとではどのように執行されますか。

答 恵みの契約は、新約のもとでは、同じ恵みの本体であるキリストが明示された新約のもとでは、同じ恵みの契約が、御言葉の説教(1)と、洗礼(2)ならびに主の晩餐(3)の礼典において執行されることになり、今後もそのようにされます。これらによって恵みと救いが、より一層の十分さと

(1) マコ16・15
(2) マタ28・19、20
(3) Ｉコリ11・23－25

明確さと有効さをもって、すべての国民に提示されています。[4]

（4）Ⅱコリ3・6-18、ヘブ8・6、10、11、マタ28・19

問36 恵みの契約の仲介者とは、誰ですか。

答 恵みの契約の唯一の仲介者は、主イエス・キリストです。[1] かれは、御父と同一本質また同等である、永遠の神の御子でありながら、[2] 時満ちて人となられました。[3] それで、二つの全く異なった本性である、神と人でありつつ、一位格であられ、そして永遠にそうあり続けられます。[4]

（1）Ⅰテモ2・5
（2）ヨハ1・1、14、ヨハ10・30、フィリ2・6
（3）ガラ4・4
（4）ルカ1・35、ロマ9・5、コロ2・9、ヘブ7・24、25

問37 キリストは、神の御子でありながら、どのようにして人となられましたか。

答 神の御子キリストは、聖霊の力によっておとめマリアの胎に、彼女の本質を取って宿り、彼女から生まれながらも罪[1]はないという仕方で、[2] 御自身に真実の体と理性的霊魂をとって人となられました。[3]

（1）ルカ1・27、31、35、42、ガラ4・4
（2）ヘブ4・15、ヘブ7・26
（3）ヨハ1・14、マタ26・38

問38 仲介者が神であることが、なぜ必要でしたか。

答 仲介者は、人間の本性が神の無限の怒りと死の力の下に沈んでしまわないように支え続けるために、(1) また、御自身の苦難と服従と執り成しに価値と効力を与えるために、(2) さらに、神の義を満たし、(3) 神の愛顧を得《え》、(4) 特別な民を買い取り、(5) 彼らに御自身の霊を与え、(6) 彼らのすべての敵を征服し、(7) 彼らを永遠の救いに導くために、(8) 神であることが必要でした。

(1) 使2・24、25、ロマ1・4、さらにロマ4・25も参照、ヘブ9・14
(2) 使20・28、ヘブ9・14、ヘブ7・25–28
(3) ロマ3・24–26
(4) エフェ1・6、マタ3・17
(5) テト2・13、14
(6) ガラ4・6
(7) ルカ1・68、69、71、74
(8) ヘブ5・8、9、ヘブ9・11–16

問39 仲介者が人であることが、なぜ必要でしたか。

答 仲介者は、わたしたちの本性を向上させ、(1) 律法への服従を果たし、(2) わたしたちのために、わたしたちの本性において苦しみ、執り成し、(3) わたしたちの弱さに同情するために、(4) また、わたしたちが神の子としての身分を授けられ、(5) 慰めを受け、大胆に恵みの座に近づくことができるために、(6) 人であることが必要でした。

(1) ヘブ2・16
(2) ガラ4・4
(3) ヘブ2・14、ヘブ7・24、25
(4) ヘブ4・15
(5) ガラ4・5
(6) ヘブ4・16

問40 仲介者が一位格において神であり人であることが、なぜ必要でしたか。

答 神と人を和解させる仲介者は、それぞれの本性に固有の御業が、一位格全体の御業として、わたしたちのために神によって受け入れられ[1]、また、［その御業が］わたしたちによって寄りすがるものとされるために、御自身、神であると共に人であり、しかも一位格においてそうであることが必要でした[2]。

(1) マタ1・21、23、マタ3・17、ヘブ9・14
(2) Ⅰペト2・6

問41 わたしたちの仲介者は、なぜイエスと呼ばれましたか。

答 わたしたちの仲介者は、御自身の民をその罪からお救いになるので、イエスと呼ばれました[1]。

(1) マタ1・21

問42 わたしたちの仲介者は、なぜキリストと呼ばれましたか。

答 わたしたちの仲介者は、限りなく聖霊を注がれ[1]、それゆえ、

(1) ヨハ3・34、詩45・7［45・8］

謙卑と高挙のいずれの状態においても、御自身の教会の預言者[2]と祭司[3]と王[4]の職務を遂行するために、聖別され、あらゆる権威と能力を十分に与えられたので[5]、キリストと呼ばれました。

(2) 使3・21、22、ルカ4・18、21
(3) ヘブ5・5–7、ヘブ4・14、15
(4) 詩2・6、マタ21・5、イザ9・6、7［9・5、6］、フィリ2・8–11
(5) ヨハ6・27、マタ28・18–20

問43 キリストは、預言者の職務をどのように遂行されますか。

答 キリストは、あらゆる時代に、御自身の御霊と御言葉によって[1]、さまざまな施行方法で[2]、民の教化と救いに関するすべてのことについて[3]の神の御意志の全体を[4]、教会に啓示することにより[5]、預言者の職務を遂行されます。

(1) Ⅰペト1・10–12
(2) ヘブ1・1、2
(3) 使20・32、エフェ4・11–13、ヨハ20・31
(4) ヨハ15・15
(5) ヨハ1・18

問44 キリストは、祭司の職務をどのように遂行されますか。

答 キリストは、御自身の民の罪を償うために[1]、御自身を傷のないいけにえとしてただ一度神に献げられたことと[2]、彼らのために絶えず執り成しをされることによって[3]、祭司の職務を遂行されます。

(1) ヘブ2・17
(2) ヘブ9・14、28
(3) ヘブ7・25

問45 キリストは、王の職務をどのように遂行されますか。

答 キリストは、世から一つの民を御自身のもとに召し出し、(1) 見えるかたちで彼らを統治するのにお用いになる役員(2)と律法(3)と譴責を与えることによって、(4) また、御自身の選びの民に救いの恵みを与え、(5) 彼らの服従には報い、(6) 罪については彼らを矯正し、(7) あらゆる誘惑と苦しみの下《もと》で彼らを守り、支え、(8) 彼らのすべての敵を抑え、打ち負かし、(9) すべてのことが御自身の栄光(10)と彼らの益となるように力強く整えること(11)によって、さらに、神を知らず、福音に従わないその他の者たちに報復することによって、(12) 王の職務を遂行されます。

(1) 使15・14－16、イザ55・4、5、創49・10、詩110・3
(2) マタ18・17、18、Ⅰコリ5・4、5
(3) エフェ4・11、12、Ⅰコリ12・28
(4) イザ33・22
(5) 使5・31
(6) 黙22・12、黙2・10
(7) 黙3・19
(8) イザ63・9
(9) Ⅰコリ15・25、詩110編全体
(10) ロマ14・10、11
(11) ロマ8・28
(12) Ⅱテサ1・8、9、詩2・8、9

問46 キリストの謙卑の状態とは、どのようなものでしたか。

答 キリストの謙卑の状態とは、キリストがわたしたちのために、御自身の栄光を空しくし、その受胎と誕生、生涯、死

において、さらに死後は復活まで、自らにしもべの形を取られた、あの低い状態のことです。[1]

(1) フィリ2・6−8、ルカ1・31、IIコリ8・9、使2・24

問47 を低くされましたか。 キリストは、その受胎と誕生において、どのように御自身

答 キリストは、その受胎と誕生において、次のように御自身を低くされました。すなわち、キリストは、全くの永遠から御父のふところにいる神の御子でありながら、時満ちて、低い身分の女から造られて人の子となり、普通以上に低いさまざまな状況において、彼女から生まれるのをよしとされました。[1]

(1) ヨハ1・14、18、ガラ4・4、ルカ2・7

問48 キリストは、その生涯において、どのように御自身を低くされましたか。

答 キリストは、その生涯において、御自身を律法に服従させ、[1] それを完全に成就することにより、[2] また、この世からの侮

(1) ガラ4・4
(2) マタ5・17、ロマ5・19

蔑(3)、サタンの誘惑(4)、さらに、人間の本性に共通のものであれ、特に自らの低い状態に伴うものであれ、御自身の肉の内にある弱さ(5)と戦うことによって、御自身を低くされました。

(3) 詩22・6〔22・7〕、ヘブ12・2、3
(4) マタ4・1−12、ルカ4・13
(5) ヘブ2・17、18、ヘブ4・15、イザ52・13、14

問49 キリストは、その死において、どのように御自身を低くされましたか。

答 キリストは、その死において、次のように御自身を低くされました。すなわち、キリストは、ユダに裏切られ(1)、御自分の弟子たちに捨てられ(2)、世から嘲笑され、拒絶され(3)、ピラトによって罪に定められ、迫害する者たちによって苦しめられました(4)。また、死の恐怖と闇の勢力と戦い、神の怒りの重圧を感じ、これを身に負った後(5)、苦しく、恥ずべき、呪われた十字架の死を耐え忍んで(6)、罪のための献げ物として自らの命を捨てられました(7)。

(1) マタ27・4
(2) マタ26・56
(3) イザ53・2、3
(4) マタ27・26−50、ヨハ19・34
(5) ルカ22・44、マタ27・46
(6) フィリ2・8、ヘブ12・2、ガラ3・13
(7) イザ53・10

問50 死後におけるキリストの謙卑は、どの点にありましたか。

答 死後におけるキリストの謙卑は、かれが葬られ、[1] 三日目まで死者の状態にあって、死の力の下《もと》にとどまっていたことにありました。[2] このことは、「かれは陰府に下った」という別の言葉で言い表されてきました。

(1) Iコリ15・3、4
(2) 詩16・10、さらに使2・24–27、31も参照、ロマ6・9、マタ12・40

問51 キリストの高挙の状態とは何でしたか。

答 キリストの高挙の状態とは、キリストの復活、[1] 昇天、[2] 御父の右に座しておられること、[3] 世を裁くために再び来られること[4]を含んでいます。

(1) Iコリ15・4
(2) マコ16・19
(3) エフェ1・20
(4) 使1・11、使17・31

問52 キリストは、その復活において、どのように高くされましたか。

答 キリストは、その復活において、次のように高くされました。すなわち、キリストは死において朽ち果てず、つまり、キリストが死に支配されたままでいることはあり得ず、[1] 苦

(1) 使2・24、27

難を受けたその同じ体が、その本質的特性を持ちつつ、(2)死滅性とこの世の命に属する他の共通の弱さは持たずに、確かにその霊魂と結合されて、(3)御自身の力により、三日目に死者の中から復活されました。(4)それによりキリストは、御自身が神の御子であること、(5)神の義を満たしたこと、(6)死と死の力を持つ者に勝利したこと、(7)生きている者と死んだ者の主であることを(8)宣言されました。これらすべてのことをキリストは、公人、(9)すなわち御自身の教会の頭《かしら》として(10)行われました。それは、［教会に属する］彼らを義とし、(11)恵みによって生かし、(12)敵から守り、(13)彼らが終わりの日に死者の中から復活することを確実にするためでした。(14)

(2) ルカ24・39
(3) ロマ6・9、黙1・18
(4) ヨハ10・18
(5) ロマ1・4
(6) ロマ8・34
(7) ヘブ2・14
(8) ロマ14・9
(9) Ⅰコリ15・21、22
(10) エフェ1・20、22、23、コロ1・18
(11) ロマ4・25
(12) エフェ2・1、5、6、コロ2・12
(13) Ⅰコリ15・25－27
(14) Ⅰコリ15・20

問53 キリストは、その昇天において、どのように高くされましたか。

答 キリストは、その昇天において、次のように高くされました。すなわち、キリストは、復活後、御自分の使徒たちに

しばしば現れて交わりを持ち、神の国に関することについて語り、(1)また、すべての国民に福音を宣べ伝えるようにとの命令をお与えになりました。(2)そして復活の四十日後に、キリストは、わたしたちの本性において、また、わたしたちの頭として、(3)もろもろの敵に勝利して、(4)目に見えるかたちで最高の天に昇られました。それは、そこで人々のために賜物を受けるため、(5)また、わたしたちの思いをそこへと引き上げるため、(6)さらに、わたしたちのために場所を用意するためでありました。(7)そこは、御自身が今おられ、世の終わりに再臨される時まで引き続きおられるところです。(8)

(1) 使1・2、3
(2) マタ28・19、20
(3) ヘブ6・20
(4) エフェ4・8
(5) 使1・9-11、エフェ4・10、詩68・18［68・19］
(6) コロ3・1、2
(7) ヨハ14・3
(8) 使3・21

問54 キリストは、神の右の座についておられることにおいて、どのように高くされていますか。

答 キリストは、神の右の座についておられることにおいて、次のように高くされています。すなわち、神人《しんじん》としてのキリストは、父なる神のこの上ない愛顧にあずかって、(1)喜

(1) フィリ2・9

び[2]、栄光[3]、天地万物を支配する力[4]に満ちあふれるものとされ、御自身の教会を集め、守り、そのもろもろの敵を征服し、御自身の聖職者と民に才能と恵みの賜物を与え[5]、彼らのために執り成しをしておられます[6]。

(2) 使2・28、さらに詩16・11も参照
(3) ヨハ17・5
(4) エフェ1・22、Ⅰペト3・22
(5) エフェ4・10-12、詩110編全体
(6) ロマ8・34

問55 キリストは、どのように執り成しをされていますか。

答 キリストは、次のように執り成しをされています。すなわち、キリストは、御自身の地上における従順といけにえの功績により[1]、わたしたちの本性において、天におられる御父の前に絶えず出て[2]、その功績をすべての信仰者に適用していただきたいとの御自身の意志を申し述べ[3]、彼らに対するすべての訴えに答え[4]、日ごとの失敗にもかかわらず良心の平和と[5]、大胆に恵みの御座に近づくことと[6]、彼らの人格[7]と奉仕[8]が受け入れられることを、彼らのために獲得しておられます。

(1) ヘブ1・3
(2) ヘブ9・12、24
(3) ヨハ3・16、ヨハ17・9、20、24
(4) ロマ8・33、34
(5) ロマ5・1、2、Ⅰヨハ2・1、2
(6) ヘブ4・16
(7) エフェ1・6
(8) Ⅰペト2・5

問56 キリストは、世を裁くための再臨において、どのように高くされるのですか。

答 キリストは、世を裁くための再臨において、次のように高くされます。すなわち、邪悪な人々によって不当に裁かれ、罪に定められたお方が[1]、義をもってこの世を裁くために[2]、終わりの日に、大いなる力をもって[3]、かれ自身の栄光とかれの御父の栄光を余すところなく現しつつ、かれのすべての聖なる天使たちと共に[4]、合図の号令と大天使の声と神のラッパの鳴り響くうちに再臨されます[5]。

(1) 使3・14、15
(2) 使17・31
(3) マタ24・30
(4) ルカ9・26、マタ25・31
(5) Ⅰテサ4・16

問57 キリストは、御自身の仲介によって、どのような恩恵を獲得しておられますか。

答 キリストは、御自身の仲介によって、贖いを[1]、恵みの契約の他のすべての恩恵と共に[2]獲得しておられます。

(1) ヘブ9・12
(2) Ⅱコリ1・20

問58 わたしたちはどのようにして、キリストが獲得しておられる恩恵にあずかる者とされるようになるのですか。

答 わたしたちは、キリストが獲得しておられる恩恵がわたしたちに適用されることによって、[1] それらにあずかる者とされます。それは特に、聖霊なる神の御業です。[2]

(1) ヨハ1・11、12
(2) テト3・5、6

問59 誰が、キリストによる贖いにあずかる者とされるのですか。

答 贖いは、キリストがそれを買い取られたすべての人々に、確実に適用され、有効に分かち与えられます。[1] 彼らは、聖霊により、ちょうどよい時に、福音に従ってキリストを信じることができるようにされます。[2]

(1) エフェ1・13、14、ヨハ6・37、39、ヨハ10・15、16
(2) エフェ2・8、Ⅱコリ4・13

問60 福音を一度も聞いたことがなく、それゆえイエス・キリストを知らず、またその御方を信じていない人は、自然本性の光に従って生きることによって、救われることができますか。

答 福音を一度も聞いたことがなく、[1] それゆえイエス・キリストを知らず、[2] その御方を信じていない人は、たとえ自然本性の光[3]や自分が告白している宗教の戒律[4]に従って生活を形づくるのに、どんなに熱心であっても、救われることはできません。[5] また、キリストおひとりのほか、他の誰においても救いはありません。[6] キリストは、御自身の体である教会のみの救い主であられます。[7]

(1) ロマ10・4
(2) Ⅱテサ1・8、9、エフェ2・12、ヨハ1・10－12
(3) Ⅰコリ1・20－24
(4) ヨハ4・22、ロマ9・31、32、フィリ3・4－9
(5) ヨハ8・24、マコ16・16
(6) 使4・12
(7) エフェ5・23

問61 福音を聞き、教会の中に生きる人たちは、すべて救われますか。

答 福音を聞き、目に見える教会の中に生きる人たちが、すべて救われるのではありません。目に見えない教会のまことの会員である人たちだけが救われます。[1]

(1) ヨハ12・38－40、ロマ9・6、マタ22・14、マタ7・21、ロマ11・7

問62 目に見える教会とは何ですか。

答 目に見える教会とは、世界のあらゆる時代と場所において、

まことの宗教を告白するすべての人たちと、(1) その子どもたちとから成る、(2) 一つの社会集団のことです。

(1) Iコリ1・2、Iコリ12・13、ロマ15・9–12、黙7・9、詩2・8、詩22・27–31［22・28–32］、詩45・17［45・18］、マタ28・19、20、イザ59・21
(2) Iコリ7・14、使2・39、ロマ11・16、創17・7

問63 目に見える教会の特別な特権は何ですか。

答 目に見える教会の持っている特権は、神の特別な配慮と統治の下にあること、(1) あらゆる敵の反抗にもかかわらず、いつの時代にも保護され、保持されていること、(2) さらに、聖徒の交わり、救いの通常の手段、(3) 福音の宣教におけるその すべての会員へのキリストによる恵みの提供、を享受していることです。この福音の宣教は、キリストを信じる者は誰でも救われると証しするものであり、(4) キリストのもとに来る人を誰ひとり排除しないものです。(5)

(1) イザ4・5、6、Iテモ4・10
(2) 詩125編全体、イザ31・4、5、ゼカ12・2–4、8、9
(3) 使2・39、42
(4) 詩147・19、20、ロマ9・4、エフェ4・11、12、マコ16・15、16
(5) ヨハ6・37

問64 目に見えない教会とは何ですか。

答 目に見えない教会とは、頭なるキリストの下に、過去・現在・未来にわたって集められて一つにされている選ばれた

者の全員のことです[1]。
（1）エフェ1・10、22、23、ヨハ10・16、ヨハ11・52

問65 目に見えない教会の会員は、どのような特別の恩恵をキリストによって享受しますか。

答 目に見えない教会の会員は、キリストによって、恵みと栄光における、キリストとの結合と交わりを享受します[1]。
（1）ヨハ17・21、エフェ2・5、6、ヨハ17・24

問66 選ばれた者がキリストと持つ結合とは何ですか。

答 選ばれた者がキリストと持つ結合とは、神の恵みの御業であり[1]、それによって彼らは、霊的かつ神秘的に、しかも、現実的かつ不可分に、彼らの頭であり夫であるキリストに結び合わされます[2]。それは、彼らの有効召命においてなされます[3]。
（1）エフェ1・22、エフェ2・6－8
（2）Iコリ6・17、ヨハ10・28、エフェ5・23、30
（3）Iペト5・10、Iコリ1・9

問67 有効召命とは何ですか。

答 有効召命とは、神の全能の力と恵みの業であって[1]、それに
（1）ヨハ5・25、エフェ1・18－20、II

よって神は、御自身の選びの民への無償の特別な愛から、彼らの内には御自身をそのようにさせるものが何もないにもかかわらず、[2]自らがよしとされる時に、御言葉と御霊により、イエス・キリストへと彼らを招き、引き寄せて、[3]救いに至るように彼らの知性を照らし、[4]意志を新たにして、強力に決定してくださいます。[5]このようにして彼らは、自らは罪の内に死んでいたにもかかわらず、これによって神の召しに進んで自由に応え、そこにおいて提供され伝えられた恵みを喜んで受け入れ、受容することができるようにされます。[6]

（2）テモ1・8、9
テト3・4、5、エフェ2・4、5、7−9、ロマ9・11
（3）Ⅱコリ5・20、さらにⅡコリ6・1、2も参照、ヨハ6・44、Ⅱテサ2・13、14
（4）使26・18、Ⅰコリ2・10、12
（5）エゼ11・19、エゼ36・26、27、ヨハ6・45
（6）エフェ2・5、フィリ2・13、申30・6

問68 選びの民だけが有効に召されるのですか。

答 選びの民のすべて、そして彼らだけが有効に召されます。[1]とはいえ、他の者たちが、御言葉の宣教によって外的に召され、[2]御霊のある一般的な働きにあずかることはあり得ますし、現にしばしばあります。[3]しかし彼らは、提供される

（1）使13・48
（2）マタ22・14
（3）マタ7・22、マタ13・20、21、ヘブ6・4、5

恵みを故意に無視し、軽蔑するため、自らの不信仰の内に当然に捨て置かれて、真実にイエス・キリストのもとに行くことは決してありません。(4)

(4) ヨハ12・38–40、使28・25–27、ヨハ6・64、65、詩81・11、12[81・12、13]

問69 目に見えない教会の会員がキリストと持つ、恵みにおける交わりとは何ですか。

答 目に見えない教会の会員がキリストと持つ、恵みにおける交わりとは、義認、(1) 子とすること、(2) 聖化、その他、この世でキリストとの結合を現すすべてのことにおいて、(3) キリストの仲介の力にあずかることです。

(1) ロマ8・30
(2) エフェ1・5
(3) Ⅰコリ1・30

問70 義認とは何ですか。

答 義認とは、罪人に対する神の無償の恵みの行為であり、(1) それによって神は、彼らのすべての罪を赦し、彼らの人格を神の前に義なる者として受け入れ、認めてくださいます。(2) それは、彼らの内に生み出される、あるいは彼らによって

(1) ロマ3・23–25、ロマ4・5
(2) Ⅱコリ5・19、21、ロマ3・22、24、25、27、28

なされる何事のゆえでもなく、[3] ただ、キリストの完全な服従と十分な償いによります。これらが神によって罪人に転嫁され、[4] ただ信仰によって受け取られるのです。[5]

(3) テト3・5、7、エフェ1・7
(4) ロマ5・17–19、ロマ4・6–8
(5) 使10・43、ガラ2・16、フィリ3・9

問71 義認は、なぜ、神の無償の恵みの行為なのですか。

答 キリストは、御自身の服従と死によって、義とされる者たちのために、神の義に対して、ふさわしい、真実の、そして完全な償いを、じっさいに果たされました。[1] とはいえ、神は、彼らに要求することもできたその償いを保証人からお受けになり、しかも、御自身の独り子をこの保証人としてじっさいにお与えになり、[2] かれの義を彼らに転嫁し、[3] 彼らからは義認のために、これもまた神の賜物である信仰[4]以外は何も要求なさらないので、[5] 彼らの義認は、彼らにとって、無償の恵みによるものなのです。[6]

(1) ロマ5・8–10、19
(2) Ⅰテモ2・5、6、ヘブ10・10、マタ20・28、ダニ9・24、26、イザ53・4–6、10–12、ヘブ7・22、ロマ8・32、Ⅰペト1・18、19
(3) Ⅱコリ5・21
(4) エフェ2・8
(5) ロマ3・24、25
(6) エフェ1・7

問72 義とする信仰とは何ですか。

答 義とする信仰とは、神の御霊[1]と御言葉[2]によって、罪人の心の中に生み出される救いの恵みの賜物です[3]。それによって罪人は、自らの罪と悲惨と、また、失われた状態から自らを回復させる力が自分にも他《た》のあらゆる被造物にもないことを確信し[4]、福音の約束が真理であることに同意するだけでなく[5]、福音において提供されているキリストとその義を受け取り、これに依り頼みます。それは、罪の赦しのためであり[6]、また、自分自身が神の御前に義なる者として受け入れられ、認められて、救われるためです[7]。

(1) Ⅱコリ4・13、エフェ1・17－19
(2) ロマ10・14、17
(3) ヘブ10・39
(4) 使2・37、使16・30、ヨハ16・8、9、ロマ5・6、エフェ2・1、使4・12
(5) エフェ1・13
(6) ヨハ1・12、使16・31、使10・43
(7) フィリ3・9、使15・11

問73 信仰は、どのようにして神の御前で罪人を義とするのですか。

答 信仰が神の御前で罪人を義とするのは、信仰に常に伴う他《た》のさまざまな恵みの賜物のゆえでも、信仰の実である善い業のゆえでもありません[1]。また、信仰という恵みや信仰による何らかの行為が、罪人に転嫁されて義とされるという

(1) ガラ3・11、ロマ3・28

ことでもありません。(2) ただ、信仰が、罪人がキリストとその義を受け取り、自らのものとする手段であるゆえに、神の御前で罪人を義とするのです。(3)

(2) ロマ4・5、さらにロマ10・10も参照
(3) ヨハ1・12、フィリ3・9、ガラ2・16

問74 子とすることとは何ですか。

答 子とすることとは、神の独り子イエス・キリストにおいて、また、イエス・キリストゆえの(1)神の無償の恵みの行為です。(2) それによって、義とされた者は皆、神の子たちの数に入れられ、(3) 神の御名をその上に記され、(4) 神の御子の霊を与えられ、(5) 神の父としての配慮と取り扱いの下《もと》に置かれ、(6) 神の子たちのすべての自由と特権が認められ、すべての約束の相続人、また、栄光における、キリストとの共同の相続人とされます。(7)

(1) エフェ1・5、ガラ4・4、5
(2) Ⅰヨハ3・1
(3) ヨハ1・12
(4) Ⅱコリ6・18、黙3・12
(5) ガラ4・6
(6) 詩103・13、箴14・26、マタ6・32
(7) ヘブ6・12、ロマ8・17

問75 聖化とは何ですか。

答 聖化とは神の恵みの御業です。それによって、世界の基《もとい》が

置かれる前に、神が聖なる者となるように選んでおられた者たちは、ちょうどよい時に、キリストの死と復活を彼らに適用してくださる御霊[1]の力強い働きにより[2]、神のかたちにしたがってその人全体が新たにされます[3]。それは、命に至る悔い改めと他《た》のすべての救いの恵みの賜物との種が、彼らの心の内に植え付けられ[4]、さらに、それらの恵みの賜物が、かきたてられ、増し加えられ、強められて[5]、ますます罪に死に、新しい命によみがえるようにされるからです[6]。

(1) ロマ6・4–6
(2) エフェ1・4、Ⅰコリ6・11、Ⅱテサ2・13
(3) エフェ4・23、24
(4) 使11・18、Ⅰヨハ3・9
(5) ユダ20、ヘブ6・11、12、エフェ3・16–19、コロ1・10、11
(6) ロマ6・4、6、14、ガラ5・24

問76

命に至る悔い改めとは何ですか。

答

命に至る悔い改めとは、神の御霊[1]と御言葉[2]によって、罪人の心の中に生み出される救いの恵みの賜物です[3]。それによって罪人は、自分の罪が危険なものであるだけでなく[4]、それが不潔で憎むべきものであることを見、また感じることにより[5]、そして同時に、悔いる者に対するキリストにある神の憐れみを悟ることによって[6]、自分の罪を深く悲しみ[7]憎

(1) ゼカ12・10
(2) 使11・18、20、21
(3) Ⅱテモ2・25
(4) エゼ18・28、30、32、ルカ15・17、18、ホセ2・6、7［2・8、9］
(5) エゼ36・31、イザ30・22
(6) ヨエ2・12、13
(7) エレ31・18、19

んで、[8] それらすべての罪から神に立ち帰り、[9] 新しい服従のすべての道において、常に神と共に歩むことを決意し、そう努めるようになるのです。[10]

(8) Ⅱコリ7・11
(9) 使26・18、エゼ14・6、王上8・47、48
(10) 詩119・6、59、128、ルカ1・6、王下23・25

問77 義認と聖化は、どの点で異なっていますか。

答 聖化は、義認と不可分に結びついていますが、[1] とはいえ両者は次の点で異なっています。義認においては、神がキリストの義を転嫁《てんか》しますが、[2] 聖化においては、御霊が恵みを注ぎ入れ、恵みの働きを可能にします。[3] 義認においては罪が赦されますが、[4] 聖化においては罪が征服されます。[5] さらに義認は、神の報復の怒りからすべての信仰者を等しく解き放ち、しかもこの世で完全に解き放つため、信仰者は決して罪に定められることはありません。[6] しかし聖化は、すべての信仰者において一様ではなく、[7] また、いかなる信仰者においても、この世では完全ではなく、[8] ただ完成に向かって成長していくのです。[9]

(1) Ⅰコリ6・11、Ⅰコリ1・13
(2) ロマ4・6、8
(3) エゼ36・27
(4) ロマ3・24、25
(5) ロマ6・6、14
(6) ロマ8・33、34
(7) Ⅰヨハ2・12–14、ヘブ5・12–14
(8) Ⅰヨハ1・8、10
(9) Ⅱコリ7・1、フィリ3・12–14

問78 信仰者における聖化の不完全さは、何に由来するのですか。

答 信仰者における聖化の不完全さは、彼らのどの部分にも残っている罪の残り滓《かす》と、霊に反する肉の絶え間ない欲望とに由来します。それによって彼らは、しばしば誘惑に打ち負かされて多くの罪に陥り[1]、すべての霊的奉仕において妨げられます[2]。そのため、彼らの最善の行いでさえ、神の御前には不完全で、汚れたものなのです[3]。

(1) ロマ7・18、23、マコ14・66―72、ガラ2・11、12
(2) ヘブ12・1
(3) イザ64・6［64・5］、出28・38

問79 まことの信仰者が、彼らの不完全さや、彼らを襲う多くの誘惑や罪のゆえに、恵みの状態から落ちてしまうことはありませんか。

答 まことの信仰者は、神の変わることのない愛と[1]、彼らに堅忍を与える神の聖定と契約[2]、キリストとの分離し難い結合[3]、彼らのためのキリストの絶えざる執り成し[4]、そして彼らの内に宿る神の霊と種《たね》のゆえに[5]、恵みの状態から、全面的に

(1) エレ31・3
(2) Ⅱテモ2・19、ヘブ13・20、21、サム下23・5
(3) Ⅰコリ1・8、9
(4) ヘブ7・25、ルカ22・32
(5) Ⅰヨハ3・9、Ⅰヨハ2・27

も、また最終的にも、落ちてしまうことはあり得ません(6)。かえって彼らは、信仰を通して、救いに至るまで、神の力によって守られます(7)。

(6) エレ32・40、ヨハ10・28
(7) Ⅰペト1・5

問80 まことの信仰者は、自分たちが恵みの状態にあり、救いに至るようその状態で堅忍することを、間違いなく確信できますか。

答 キリストを真実に信じ、主の御前でひたすら正しい良心をもって歩もうと努めている者たちは(1)、特別な啓示がなくても、自分たちが恵みの状態にあり、救いに至るようその状態で堅忍することを、間違いなく確信できます(2)。そのような確信は、神の約束の真実に基づく信仰により、さらに、命の約束がなされているさまざまな恵みの賜物を、自分自身の内に見分けることができるようにし(3)、また、自分たちが神の子であることを自らの霊と共に証ししてくださる御霊によって与えられるものです(4)。

(1) Ⅰヨハ2・3
(2) Ⅰヨハ5・13
(3) Ⅰコリ2・12、Ⅰヨハ3・14、18、19、21、24、Ⅰヨハ4・13、16、ヘブ6・11、12
(4) ロマ8・16

問81 すべてのまことの信仰者は、自分たちが今恵みの状態にあることと、救われることを、いつでも確信していますか。

答 恵みと救いの確信は、信仰の本質に属するものではないので、[1] まことの信仰者もそれを得るのに、長く待つことがあります。[2] また、それを享受した後も、さまざまな不調、罪、誘惑、［神による］一時的見放しによって、弱められたり、中断されたりすることがあります。[3] しかし、彼らは、全くの絶望に沈んでしまわないようにする神の御霊の臨在と支えなしに、放置されることは決してありません。[4]

(1) エフェ1・13
(2) イザ50・10、詩88編全体
(3) 詩77・1–12［77・2–13］、雅5・2、3、6、詩51・8、12［51・10、14］、詩31・22［31・23］、詩22・1［22・2］
(4) Ⅰヨハ3・9、ヨブ13・15、詩73・15、23、イザ54・7–10

問82 目に見えない教会の会員がキリストと持つ、栄光における交わりとは何ですか。

答 目に見えない教会の会員がキリストと持つ、栄光における交わりとは、この世において存在し、[1] 死の直後にも存在し、[2] そして最後に、復活と裁きの日に完成されるものです。[3]

(1) Ⅱコリ3・18
(2) ルカ23・43
(3) Ⅰテサ4・17

問83 目に見えない教会の会員が、この世において享受する、キリストとの栄光における交わりとは何ですか。

答 目に見えない教会の会員は、この世において、キリストと共に栄光の初穂を授けられています。彼らは、頭であるキリストの部分であり、かれの内にあるため、かれが完全に所有している栄光にあずかるものとされています。[1] そして、その保証として、神の愛の自覚、[2] 良心の平和、聖霊による喜び、栄光の希望を享受します。[3] これとは反対に、神の報復の怒りの自覚、良心のおびえ、裁きの恐ろしい予感が、邪悪な者たちにとって、彼らが死後に耐え忍ばなければならない苦痛の始まりなのです。[4]

(1) エフェ2・5、6
(2) ロマ5・5、さらにⅡコリ1・22も参照
(3) ロマ5・1、2、ロマ14・17
(4) 創4・13、マタ27・4、ヘブ10・27、ロマ2・9、マコ9・44

問84 すべての人は死ぬのですか。

答 罪の支払う報酬は死であると警告されているとおり、[1] すべての人は一度死ぬことが定められています。[2] なぜなら、す

(1) ロマ6・23
(2) ヘブ9・27

べての人は罪を犯したからです(3)。

(3) ロマ5・12

問85 罪の支払う報酬が死であるのなら、なぜ義人は、すべての罪をキリストにおいて赦されているのに、死から解放されていないのですか。

答 義人は、終わりの日に死そのものから解放されますが、[この世における] 死においてさえ、死の棘《とげ》と呪いからは解放されます(1)。それゆえ、彼らは死にはしますが、神の愛のゆえに(2)、罪と悲惨から完全に自由にされ(3)、栄光におけるキリストとの一層の交わりができるようにされます。彼らは死の時に、その交わりに入ります(4)。

(1) Iコリ15・26、56、ヘブ2・15
(2) イザ57・1、2、王下22・20
(3) 黙14・13、エフェ5・27
(4) ルカ23・43、フィリ1・23

問86 目に見えない教会の会員が、死後直ちに享受する、キリストとの栄光における交わりとは何ですか。

答 目に見えない教会の会員が、死後直ちに享受する、キリストとの栄光における交わりとは、次のことです。すなわち、

彼らの霊魂は、その時完全に聖くされて、[1]最高の天に受け入れられ、[2]そこで光と栄光の内に神の御顔を仰ぎ見て、[3]自らの体の完全な贖いを待ちます。[4]その体は、死においてもキリストに結びつけられたまま、[5]終わりの日に再び彼らの霊魂に結合されるまで、[6]寝床にあるように墓の中で休みます。[7]これに対して、邪悪な者たちの霊魂は、死の時地獄に投げ込まれ、そこで苦しみと全くの暗黒の中にとどまり、彼らの体は、大いなる日の復活と審判まで、牢獄にあるように、その墓の中に留め置かれます。[8]

(1) ヘブ12・23
(2) Ⅱコリ5・1、6、8、フィリ1・23、さらに使3・12とエフェ4・10も参照
(3) Ⅰヨハ3・2、Ⅰコリ13・12
(4) ロマ8・23、詩16・9
(5) Ⅰテサ4・14
(6) ヨブ19・26、27
(7) イザ57・2
(8) ルカ16・23、24、使1・25、ユダ6、7

問87

わたしたちは復活について何を信じなければなりませんか。

答

わたしたちは次のことを信じなければなりません。すなわち、終わりの日に、正しい者も正しくない者も、死者の全般的な復活があること、[1]その時、生き残っている者は一瞬のうちに変えられること、また、墓に横たえられていた死者の、以前と全く同じ体が、その時再び彼らの霊魂と永久

(1) 使24・15

に結び合わされ、キリストの力によってよみがえらせられることです(2)。正しい者の体は、キリストの霊によって、また、彼らの頭であるキリストの復活のおかげで、力強いもの、霊的なもの、朽ちないものによみがえらせられ、キリストの栄光ある体に似たものとされます(3)。一方、邪悪な者の体は、怒った審判者であるキリストによって恥辱の内によみがえらせられます(4)。

(2) Iコリ15・51-53、Iテサ4・15-17、ヨハ5・28、29
(3) Iコリ15・21-23、42-44、フィリ3・21
(4) ヨハ5・27-29、マタ25・33

問88 復活の後、直ちに何が続きますか。

答 復活の後、直ちに天使と人間に対する全般的で最終的な審判が続きます(1)。その日、その時は、誰も知りません。それは、すべての人が目を覚まして祈り、いつも主の来臨に備えているためです(2)。

(1) IIペト2・4、ユダ6、7、14、15、マタ25・46
(2) マタ24・36、42、44、ルカ21・35、36

問89 裁きの日に、邪悪な者たちには何がなされますか。

答 裁きの日に、邪悪な者たちはキリストの左に置かれ(1)、明ら

(1) マタ25・33

かな証拠と自分自身の良心の十分な納得に基づいて、(2)恐ろしいけれども正当な有罪の判決が宣告されます。(3)その結果彼らは、神の愛顧に満ちた御前から断たれ、また、キリスト、かれの聖徒たち、さらにかれのすべての天使たちとの栄光ある交わりから断たれて、地獄に投げ込まれ、悪魔とその使者たちと共に、体と霊魂両方の、言語に絶する苦しみをもって、永遠に罰せられます。(4)

(2) ロマ2・15、16
(3) マタ25・41-43
(4) ルカ16・26、Ⅱテサ1・8、9

問90 裁きの日に、義人には何がなされますか。

答 裁きの日に、義人は、雲に包まれてキリストのもとに引き上げられ、(1)キリストの右に置かれ、そこで公に承認され、無罪とされ、(2)神に見放された御使いと人間に対する裁きにキリストと共に加わり、(3)天に受け入れられます。(4)そこで彼らは、あらゆる罪と悲惨から、完全かつ永遠に解放され、(5)想像も及ばないような喜びに満たされ、(6)無数の聖徒と聖なる天使たちの集まりの中で、(7)しかし特に、父なる神とわた

(1) Ⅰテサ4・17
(2) マタ25・33、マタ10・32
(3) Ⅰコリ6・2、3
(4) マタ25・34、46
(5) エフェ5・27、黙14・13
(6) 詩16・11
(7) ヘブ12・22、23
(8) Ⅰヨハ3・2、Ⅰコリ13・12、Ⅰテサ4・17、18

したちの主イエス・キリストと聖霊とを、永遠に、直接見て、喜び楽しむ中で[8]、体と霊魂の両方において、完全に聖くされ、幸いにされます。これこそが、目に見えない教会の会員が、復活と裁きの日に、栄光において享受する、キリストとの完全で十分な交わりです。

聖書が主に、神について信じなければならないこととしてわたしたちに教えていることを見てきたので、次に、聖書が人間の義務として何を求めているかを考察します。

問91 神が人間に求めておられる義務は、何ですか。

答 神が人間に求めておられる義務は、啓示された神の御意志に服従することです[1]。

(1) ロマ12・1、2、ミカ6・8、サムエル上15・22

問92 神は、服従の規範として、最初に何を人間に啓示されまし

たか。

答 無罪の状態にあるアダムと、アダムにおいて全人類に対して啓示された服従の規範は、善悪の知識の木の果実を食べてはならないという特別な命令のほかには、道徳律法でした。(1)

(1) 創1・26、27、ロマ2・14、15、ロマ10・5、創2・17

問93 道徳律法とは何ですか。

答 道徳律法とは、全人類に対する神の御意志の明示です。それは、すべての人に、霊魂と体から成るその人全体の外面と内面において、(1)また、彼が神と人間に対して負っている聖さと義のすべての義務を果たすことにおいて、(2)個人的で、完全で、永続的な従順と服従を命じ、また義務づけるものです。さらにそれは、これを果たした時には命を与えることを約束し、これを破った時には死をもって報いると威嚇しています。(3)

(1) 申5・1−3、32、33、ルカ10・26、27、ガラ3・10、Iテサ5・23
(2) ルカ1・75、使24・16
(3) ロマ10・5、ガラ3・10、12

問94　堕落以降も、道徳律法には人間に対する何らかの効用がありますか。

答　堕落以降、いかなる人間も、道徳律法によって義と命に至ることはできません。(1) にもかかわらず、道徳律法には、すべての人間に共通する大きな効用があるだけでなく、再生していない人々と再生している人々のそれぞれに対して特有の大きな効用があります。(2)

(1) ロマ8・3、ガラ2・16
(2) Iテモ1・8

問95　道徳律法は、すべての人間に対してどのような効用がありますか。

答　道徳律法は、すべての人間に対して次のような効用があります。すなわち、神の聖なる性質と意志、(1) および、それに従って歩まなければならない彼らの義務を教えること、(2) また、それを守ることのできない彼らの無能力と、自分たちの本性、心、生活が罪に汚れていることを確信させること、(3) さらに、自分たちの罪と悲惨を自覚してへりくだらせ、(4) そ

(1) レビ11・44、45、レビ20・7、8、ロマ7・12
(2) ミカ6・8、ヤコ2・10、11
(3) 詩19・11、12[19・12、13]、ロマ3・20、ロマ7・7
(4) ロマ3・9、23

れによって彼らが、キリストを必要としていることと、[5]キリストの服従の完全さとを一層はっきりと認めることができるようにさせることです。[6]

(5) ガラ3・21、22
(6) ロマ10・4

問96 道徳律法は、再生していない人々に対して、どのような特定の効用がありますか。

答 道徳律法は、再生していない人々に対して次のような効用があります。すなわち、来るべき怒りから逃れるように彼らの良心を目覚めさせ、[1]キリストへと駆り立てること、[2]もしくは、彼らが罪の状態とその道にとどまり続ける場合は、弁解の余地のない者として、[3]道徳律法の呪いの下に放置することです。[4]

(1) Iテモ1・9、10
(2) ガラ3・24
(3) ロマ1・20、さらにロマ2・15も参照
(4) ガラ3・10

問97 道徳律法は、再生している人々に対して、どのような特別の効用がありますか。

答 再生し、キリストを信じている人々は、行いの契約として

の道徳律法から解放されており、[1] それによって義とされたり、[2] あるいは罪に定められることはありません。[3] しかしながら、道徳律法には、すべての人間にとってと同様の一般的効用のほかに、次のような特別の効用があります。すなわち、彼らに代わり、また彼らの幸いのために、キリストが道徳律法を成就し、その呪いを耐え忍んでくださったことについて、彼らがどれほどキリストに負っているかを彼らに示すことと、[4] それによって彼らを一層の感謝へと促し、[5] 彼らの服従の規範である道徳律法を守ることに一層心がけてその感謝を表すようにさせることです。[6]

(1) ロマ6・14、ロマ7・4、6、ガラ4・4、5
(2) ロマ3・20
(3) ガラ5・23、ロマ8・1
(4) ロマ7・24、25、ガラ3・13、14、ロマ8・3、4
(5) ルカ1・68、69、74、75、コロ1・12–14
(6) ロマ7・22、ロマ12・2、テト2・11–14

問98 道徳律法は、どこに要約して含まれていますか。

答 道徳律法は、十戒の中に要約して含まれています。十戒は、シナイ山で神の声によって伝えられ、神によって二枚の石の板に書き記され、[1] 出エジプト記二〇章に記録されています。初めの四つの戒めは、神に対するわたしたちの義務を、

(1) 申10・4、出34・1–4

残りの六つの戒めは、人間に対するわたしたちの義務を含んでいます。(2)　（2）マタ22・37–40

問99 十戒の正しい理解のためには、どのような規則が守られなければなりませんか。

答 十戒の正しい理解のためには、これらの規則が守られなければなりません。

[1] 律法は完全であり、すべての人を、その人全体が律法の義に全く一致し、また、永久に完全に服従するように拘束します。それゆえ律法は、あらゆる義務の究極の完全さを要求し、あらゆる罪の最小限のものさえ禁じます。(1)　（1）詩19・7〔19・8〕、ヤコ2・10、マタ5・21–48

[2] 律法は霊的なものです。それゆえ、言葉、行い、ふるまいはもちろん、理解、意志、感情、その他、霊魂のすべての力に効力を及ぼします。(1)　（1）ロマ7・14、申6・5、さらにマタ22・37–39も参照、マタ5・21、22、27、28、36–48

[3] 全く同一のことが、異なった観点から、いくつかの戒めにおいて命じられたり、禁じられたりしています。(1)　（1）コロ3・5、アモ8・5、箴1・19、Iテモ6・10

[4] 義務が命じられている場合には、反対の罪が禁じられており、[1] 罪が禁じられている場合には、反対の義務が命じられています。[2] 同様に、約束が付け加えられている場合には、反対の威嚇が含まれており、[3] 威嚇が付け加えられている場合には、反対の約束が含まれています。[4]

(1) イザ58・13、申6・13、さらにマタ4・9、10も参照、マタ15・4–6
(2) マタ5・21–25、エフェ4・28
(3) 出20・12、さらに箴30・17も参照
(4) エレ18・7、8、出20・7、さらに詩15・1、4、5と詩24・4、5も参照

[5] 神が禁じておられることは、いかなる時もしてはなりません。[1] 神が命じておられることは、常にわたしたちの義務です。[2] しかし、すべての特定の義務が、いつもなされなければならないわけではありません。[3]

(1) ヨブ13・7、8、ロマ3・8、ヨブ36・21、ヘブ11・25
(2) 申4・8、9
(3) マタ12・7

[6] 一つの罪あるいは義務の下に、同じ種類のすべての罪あるいは義務が、それらの、あらゆる原因、手段、機会、外見、およびそれへと誘発するものと共に禁じられ、あるいは命じられています。[1]

(1) マタ5・21、22、27、28、マタ15・4–6、ヘブ10・24、25、Iテサ5・22、ユダ23、ガラ5・26、コロ3・21

[7] わたしたち自身に禁じられ、あるいは命じられていることは、他の人々によっても、彼らの置かれている立場の義務に応じて、それを避け、あるいは果たすことができ

るように、わたしたちは、自分たちの置かれている立場に応じて努力しなければなりません(1)。

(1) 出20・10、レビ19・17、創18・19、ヨシュ24・15、申6・6、7

[8] 他の人々に命じられていることについては、わたしたちは、自分の置かれている立場と召しに応じて、彼らの助けとならなければなりません(1)。また、他の人々に禁じられていることについては、彼らに加わらないように注意しなければなりません(2)。

(1) Ⅱコリ1・24
(2) Ⅰテモ5・22、エフェ5・11

問100 十戒において、わたしたちが考究すべき特別のものとは何ですか。

答 わたしたちは、十戒において、序言、戒めそのものの内容、さらに、戒めをより強化するためにいくつかの戒めに付け加えられているそれぞれの理由を、考究しなければなりません。

問101 十戒の序言は何ですか。

答 十戒の序言は、「わたしは主、あなたの神、あなたをエジプトの国、奴隷の家から導き出した神である」*という言葉に含まれています。(1) ここで神は、永遠、不変、全能の神、主であり、(2) その存在を自らのうちに、自らによって持っておられ、(3) 御自身のすべての言葉と(4) 業を生み出す方として、(5) 自らの主権を明らかにしておられます。また、昔のイスラエルにとってと同様に、御自身のすべての民と契約関係にある神であり、(6) イスラエルをエジプトにおける奴隷状態から導き出したように、わたしたちを霊的な隷属状態から救い出してくださること、(7) さらに、それゆえ、わたしたちは、この神をわたしたちの唯一の神とし、神のすべての戒めを守らなければならないということを(8) 明らかにしておられます。

(1) 出20・2
(2) イザ44・6
(3) 出3・14
(4) 出6・3
(5) 使17・24、28
(6) 創17・7、さらにロマ3・29も参照
(7) ルカ1・74、75
(8) Iペト1・15-18、レビ18・30、レビ19・37

* 十戒の引用は新共同訳聖書による。

問102 神に対するわたしたちの義務を含む、四つの戒めの要約は何ですか。

答　神に対するわたしたちの義務を含む、四つの戒めの要約は、心を尽くし、精神を尽くし、力を尽くし、思いを尽くして、わたしたちの神である主を愛することです。[1]

(1) ルカ10・27

問103　第一戒はどれですか。

答　第一戒は、「あなたには、わたしをおいてほかに神があってはならない」[1]*です。

(1) 出20・3

* 底本の欽定訳は“Thou shalt have no other gods before me.”で、「わたしの前に」という言葉があるが、新共同訳は「わたしをおいてほかに」としている。

問104　第一戒で求められている義務は何ですか。

答　第一戒で求められている義務は、神が唯一まことの神、またわたしたちの神であることを知り、認めること、[1]そして、それにふさわしく神を礼拝し、神の栄光をたたえることです。[2]それは、神を思い、[3]瞑想し、[4]心に留め、[5]大いに尊び、[6]敬い、[7]あがめ、[8]選び、[9]愛し、[10]慕い、[11]畏れること。[12]神を信じること。[13]神を信頼し、[14]待ち望み、[15]喜び、[16]楽しむこと。[17]神のために熱心になること。[18]神を呼び求めること。神にすべて

(1) 代上28・9、申26・17、イザ43・10、エレ14・22
(2) 詩95・6、7、マタ4・10、詩29・2
(3) マラ3・16
(4) 詩63・6［63・7］
(5) コヘ12・1
(6) 詩71・19
(7) マラ1・6
(8) イザ45・23
(9) ヨシュ24・15、22
(10) 申6・5
(11) 詩73・25
(12) イザ8・13

の賛美と感謝をささげ、(19)全身全霊をもってすべての服従と従順を神にささげること。(20)すべてのことにおいても神を喜ばせるように心を配り、(21)いかなることにおいても神を怒らせるときには悲しむこと。(22)そして、へりくだって神と共に歩むことによってなされます。(23)

問105 第一戒で禁じられている罪は何ですか。

答 第一戒で禁じられている罪は、次のものです。無神論、すなわち、神を否定したり、神を持たないこと。(1)偶像礼拝、すなわち、ひとりより多くの神々を持ったり、礼拝すること、あるいは、まことの神と一緒に、またはその代わりに、他の神々を持ったり、礼拝すること。(2)まことの神を神として、またわたしたちの神として持たず、そのように告白しないこと。(3)この戒めにおいて求められている神に対するどのような義務でも、それを省略したり、無視したりすること。(4)まことの神についての無知、(5)忘却、(6)誤解、(7)誤った意見、(8)

(13) 出14・31
(14) イザ26・4
(15) 詩130・7
(16) 詩37・4
(17) 詩32・11
(18) ロマ12・11、さらに民25・11も参照
(19) フィリ4・6
(20) エレ7・23、ヤコ4・7
(21) Iヨハ3・22
(22) エレ31・18、詩119・15
(23) ミカ6・8

(1) 詩14・1、エフェ2・12
(2) エレ2・27、28、さらにIテサ1・9も参照
(3) 詩81・11[81・12]
(4) イザ43・22–24
(5) エレ4・22、ホセ4・1、6
(6) エレ2・32
(7) 使17・23、29
(8) イザ40・18
(9) 詩50・21
(10) 申29・29[29・28]
(11) テト1・16、ヘブ12・16

ふさわしくない悪い考え。[9] 神が秘めておられる事柄に対する不遜でもの好きな詮索。[10] 神を汚すすべてのこと、[11] 神への憎しみ、[12] 自己愛、[13] 自己追及、[14] そのほか、他のものにわたしたちの知性・意志・感情を過度に節度なく向けさせて、全面的にも部分的にも、それらを神から引き離してしまうすべてのこと。[15] 無分別な軽信、[16] 不信仰、[17] 異端、[18] 誤った信仰、[19] 不信、[20] 絶望、[21] 改めたがらない性質、[22] 裁きに対する無感覚、[23] 心のかたくなさ、[24] 高慢、[25] うぬぼれ、[26] 肉的な安心、[27] 神を試みること、[28] 不法な手段を用いることと合法的手段に頼り切ること、[29][30] 肉的な喜びと楽しみ。[31] 有害で、見境のない、無分別な熱心。[32] 神に関することについての生ぬるさと無気力。[33][34] 神から遠ざかり、背教すること。[35] 聖人、天使、あるいは他の何らかの被造物に向かって祈ったり、宗教的礼拝をささげること。[36] 悪魔とのあらゆる盟約や相談、[37] また悪魔の示唆に耳を傾けること。[38] 人間をわたしたちの信仰と良心の主とすること。[39] 神と神の戒めを軽んじ、軽蔑すること。[40] 神の御霊

(12) ロマ1・30
(13) Ⅱテモ3・2
(14) フィリ2・21
(15) Ⅰヨハ2・15、16、サム上2・29、コロ3・2、5
(16) Ⅰヨハ4・1
(17) 申9・6、24［底本は10・6、14だが9・6、14の誤り］、ヘブ3・12
(18) ガラ5・20、テト3・10
(19) 使26・9
(20) 詩78・22
(21) 創4・13
(22) エレ5・3
(23) イザ42・25
(24) ロマ2・5
(25) エレ13・15
(26) 詩19・13［19・14］
(27) ゼファ1・12
(28) マタ4・7
(29) ロマ3・8
(30) エレ17・5
(31) Ⅱテモ3・4
(32) ガラ4・17、ヨハ16・2、ロマ10・2、ルカ9・54、55
(33) 黙3・16

に逆らい、悲しませ、神の配剤に不満を持ち、我慢ができず、神がわたしたちに下される災いに対して愚かにも神を非難すること。[42] そして、わたしたちの状況、所有、能力に関するあらゆる幸いが称賛されることについて、それを運命[43]や偶像[44]や自分自身[45]、あるいは他の何らかの被造物のおかげだとすることです。[46]

問106 第一戒の「わたしの前に」*という言葉によって、わたしたちは特別に何を教えられていますか。

答 第一戒の「わたしの前に」、すなわち「わたしの顔の前に」という言葉は、わたしたちに次のことを教えています。すなわち、すべてのことを見ておられる神は、どのような他《ほか》の神を持つ罪に特別に目を留め、これを非常に嫌われること、それゆえそのことが、その罪を思いとどまらせる論拠となること、また、神を怒らせる最も恥知らずなものとして、罪を一層重くする論拠となること、[1] 同様に、わたし

(34) 黙3・1
(35) エゼ14・5、イザ1・4、5
(36) ロマ10・13、14、ホセ4・12、使10・25、26、黙19・10、マタ4・10、コロ2・18、ロマ1・25
(37) レビ20・6、サム上28・7、11さらに代上10・13、14も参照
(38) 使5・3
(39) IIコリ1・24、マタ23・9
(40) 申32・15、サム下12・9、箴13・13
(41) 使7・51、エフェ4・30
(42) 詩73・2、3、14、15、22、ヨブ1・22
(43) サム上6・7–9
(44) ダニ5・23
(45) 申8・17、ダニ4・30［4・27］
(46) ハバ1・16
(1) エゼ8・5–18、詩44・20、21［44・

たちが神への奉仕としてすることは何であれ、神のまなざしの中でそれを行うように説得する論拠となることを教えています。(2)

問107 第二戒はどれですか。

答 第二戒は、「あなたはいかなる像も造ってはならない。上は天にあり、下は地にあり、また地の下の水の中にある、いかなるものの形も造ってはならない。あなたはそれらに向かってひれ伏したり、それらに仕えたりしてはならない。わたしは主、あなたの神。わたしは熱情の神である。わたしを否む者には、父祖の罪を子孫に三代、四代までも問うが、わたしを愛し、わたしの戒めを守る者には、幾千代にも及ぶ慈しみを与える(1)」です。

問108 第二戒で求められている義務は何ですか。

答 第二戒で求められている義務は、神が御言葉において制定

21、22]
(2) 代上28・9
* “before me”の訳。新共同訳にこの言葉はない。

(1) 出20・4―6

しておられるすべての宗教的礼拝と規定を、受け入れ、遵守し、純粋かつ完全に保つことです(1)。それは特に、キリストの御名による祈りと感謝(2)、御言葉の朗読・説教・傾聴(3)、聖礼典の執行と受領(4)、教会政治と規律(5)、牧師職とその維持(6)、宗教的断食(7)、神の御名による誓い(8)と神への誓願です(9)。さらに、あらゆる偽りの礼拝を認めず、嫌悪し、反対すること(10)、また、各々の立場と召しに応じて、偽りの礼拝と偶像礼拝のためのすべての影像を取り除くことです(11)。

(1) 申32・46、47、マタ28・20、使2・42、Ⅰテモ6・13、14
(2) フィリ4・6、エフェ5・20
(3) 申17・18、19、使15・21、Ⅱテモ4・2、ヤコ1・21、22、使10・33
(4) マタ28・19、Ⅰコリ11・23-30
(5) マタ18・15-17、マタ16・19、Ⅰコリ5章、Ⅰコリ12・28
(6) エフェ4・11、12、Ⅰテモ5・17、18、Ⅰコリ9・7-15
(7) ヨエ2・12、13、Ⅰコリ7・5
(8) 申6・13
(9) イザ19・21、詩76・11[76・12]
(10) 使17・16、17、詩16・4
(11) 申7・5、イザ30・22

問109

第二戒で禁じられている罪は何ですか。

答

第二戒で禁じられている罪は、次のものです。神御自身によって制定されたのではないどのような宗教的礼拝でも、すべて考案したり(1)、勧めたり(2)、命じたり(3)、行ったり(4)、いかなる理由にせよ、これを認めること(5)。偽りの宗教を寛大に取り扱うこと*(6)。神を、また三つの位格のすべて、あるいはいずれかの位格を、内的に心の中で、もしくは外的に、い

(1) 民15・39
(2) 申13・6-8[13・7-9]
(3) ホセ5・11、ミカ6・16
(4) 王上12・33
(5) 申12・30-32[12・30、31、13・1]
(6) 申13・6-12[13・7-13]、ゼカ13・2、3、黙2・2、14、15、20、黙17・12、16、17

かなる被造物の像あるいは似姿として表象し、[7]すべてそれを礼拝したり、[8]それにおいて、あるいはそれによって神を礼拝すること。[9]どのようなものであれ偽りの神々を表象し、[10]すべてそれらを礼拝したり、それらに属するつとめをすること。[11]自分たち自身で作り出し、採用したにせよ、[12]他の人々からならわしとして受け継いだにせよ、[13]また、たとえ古さ・[14]習慣・[15]強い愛情・[16]良い意図・その他どのような口実[17]が名目にされるにせよ、神礼拝を腐敗させ、[18]神礼拝に付け加えたり、そこから取り除いたりする、[19]一切の迷信的な考案。[20]聖職売買、[21]教会泥棒、[22]すべて、神が定めておられる礼拝と規定とをおろそかにしたり、[23]軽蔑したり、[24]妨害したり、[25]反対したりすることです。[26]

問110 第二戒を一層強化するために付け加えられている理由は、何ですか。

答 第二戒を一層強化するために付け加えられている理由は、

(7) 申4・15–19、使17・29、ロマ1・21–23、25
(8) ダニ3・18、ガラ4・8
(9) 出32・5
(10) 出32・8
(11) 王上18・26、28、イザ65・11
(12) 詩106・39
(13) マタ15・9
(14) Iペト1・18
(15) エレ44・17
(16) イザ65・3–5、ガラ1・13、14
(17) サム上13・11、12、サム上15・21
(18) マラ1・7、8、14
(19) 申4・2
(20) 使17・22、コロ2・21–23
(21) 使8・18
(22) ロマ2・22、マラ3・8
(23) 出4・24–26
(24) マタ22・5、マラ1・7、13
(25) マタ23・13
(26) 使13・44、45、Iテサ2・15、16
＊「偽りの宗教を寛大に取り扱うこと」は、一七八八年合衆国長老教会総会にて削除。

「わたしは主、あなたの神。わたしは熱情の神である。わたしを否む者には、父祖の罪を子孫に三代、四代までも問うが、わたしを愛し、わたしの戒めを守る者には、幾千代にも及ぶ慈しみを与える[1]」という言葉に含まれています。その理由とは、わたしたちに対する神の主権と、わたしたちに対する神の所有権のほかに[2]、御自身への礼拝に対する神の燃えるような熱情と[3]、すべての偽りの礼拝を霊的姦淫とする神の報復的な憤り[4]。この戒めを破る者を神を憎む者と見なし、数世代にわたって彼らを罰すると威嚇すること[5]。さらに、この戒めを遵守する者を、神を愛し、神の戒めを守る者と認めて、幾多の世代にわたって彼らへの慈しみを約束することです[6]。

(1) 出20・5、6
(2) 詩45・11[45・12]、黙15・3、4
(3) 出34・13、14
(4) Iコリ10・20−22、エレ7・18−20、エゼ16・26、27、申32・16−20
(5) ホセ2・2−4[2・4−6]
(6) 申5・29

問111　第三戒はどれですか。

答　第三戒は、「あなたの神、主の名をみだりに唱えてはならない。みだりにその名を唱える者を主は罰せずにはおかれ

ない[1]」です。

問112

第三戒では、何が求められていますか。

答

第三戒は、次のことを求めています。すなわち、神の御名・称号・属性[1]・規定[2]・御言葉[3]・礼典[4]・祈り[5]・宣誓[6]・誓願[7]・くじ[8]・御業[9]、その他、神が御自身を知らせるのに用いられるどのようなものも、思い[10]・瞑想[11]・話す言葉[12]・書く言葉[13]において、聖い告白[14]と責任のある生き方[15]により、神の栄光[16]と、わたしたち自身[17]および他の人々の益[18]のために、聖く敬虔に用いることです。

問113

第三戒で禁じられている罪は何ですか。

答

第三戒で禁じられている罪は、次のものです。求められている仕方で神の御名を用いないこと[1]、また、無知[2]・無益[3]・不敬虔・神聖冒瀆[4]・迷信[5]・あるいは悪意により、神の称号・属性[6]・規定[7]・御業[8]に言及したり用いたりすることによ

(1) 出20・7

(1) マタ6・9、申28・58、詩29・2、詩68・4［68・5］、黙15・3、4
(2) マラ1・14、コヘ5・1［4・17］
(3) 詩138・2
(4) Iコリ11・24、25、28、29
(5) Iテモ2・8
(6) エレ4・2
(7) コヘ5・2、4－6［5・1、3－5］
(8) 使1・24、26
(9) ヨブ36・24
(10) マラ3・16
(11) 詩8編全体
(12) コロ3・17、詩105・2、5
(13) 詩102・18［102・19］
(14) Iペト3・15、ミカ4・5
(15) フィリ1・27
(16) Iコリ10・31
(17) エレ32・39
(18) Iペト2・12

(1) マラ2・2
(2) 使17・23
(3) 箴30・9

って、神の御名を濫用することです。それは次のことによってなされます。冒瀆[9]と偽りの誓い[10]。すべての罪深い呪い[11]・宣誓[12]・誓願[13]・くじ[14]、合法的な場合の宣誓や誓願を破棄すること[15]、不法な事柄についての宣誓や誓願を果たすこと[16]。神の聖定[17]や摂理[18]に対してつぶやいて苦情を言ったり[19]、好奇心でせんさくしたり[20]、誤用すること。御言葉あるいはその一部を、誤って解釈し[21]、誤用し[22]、あるいは何らかの仕方で悪用して[23]、世俗的な冗談[24]・せんさく好きな、あるいは無益な問い・空虚なむだ話・偽りの教理を主張することに用いること[25]。神の御名・被造物・あるいは神の御名の下に含まれているいかなるものであれ、呪文を唱えるためや[26]、罪深い欲望と実践のために悪用すること[27]。神の真理・恵み・方法を、中傷したり[28]、嘲笑したり[29]、ののしったり[30]、何らかの仕方でこれらに反対すること[31]。偽善により、あるいは邪悪な目的でその信仰を告白すること[32]。その信仰を恥じること[33]、あるいは、不愉快で[34]、愚かで[35]、実りがなく[36]、人を不快にさ

(4) マラ1・6、7、12、マラ3・14
(5) サム上4・3-5、エレ7・4、9、10、14、31、コロ2・20-22
(6) 王下18・30、35、出5・2、詩139・20
(7) 詩50・16、17
(8) イザ5・12
(9) 王下19・22、レビ24・11
(10) ゼカ5・4、ゼカ8・17
(11) サム上17・43、サム下16・5
(12) エレ5・7、エレ23・10
(13) 申23・18［23・19］、使23・12、14
(14) エス3・7、エス9・24、詩22・18［22・19］
(15) 詩24・4、エゼ17・16、18、19
(16) マコ6・26、サム上25・22、32-34
(17) ロマ3・5、7、ロマ6・1
(18) コヘ8・11、コヘ9・3、詩39編全体
(19) ロマ9・14、19、20
(20) 申29・29［29・28］
(21) マタ5・21-48
(22) エゼ13・22
(23) Ⅱペト3・16、マタ22・24-31
(24) イザ22・13、エレ23・34、36、38
(25) Ⅰテモ1・4、6、7、Ⅰテモ6・

せるような生き方や、[37] 信仰からの脱落によって、[38] その信仰を辱めることです。

問114

答 第三戒には、どのような理由が付け加えられていますか。

「あなたの神、主」また「みだりにその名を唱える者を主は罰せずにはおかれない」[1] という言葉で、第三戒に付け加えられている理由は、次のとおりです。すなわち、神は主であり、またわたしたちの神ですから、神の御名がわたしたちによって汚されたり、どのような仕方においても濫用されたりしてはならないということです。[2] 特に、神はこの戒めの違反者を決して無罪にして、容赦されることはないので、たとえ多くの違反者が人間の譴責や罰を免れたとしても、[3] 神は彼らが御自身の正しい裁きを免れることをお許しにならない、ということです。[4]

問115

第四戒はどれですか。

4、5、20、Ⅱテモ2・14、テト3・9
(26) 申18・10-14、使19・13
(27) Ⅱテモ4・3、4、ロマ13・13、14、王上21・9、10、ユダ4
(28) 使13・10、Ⅰヨハ3・12
(29) 詩1・1、Ⅱペト3・3
(30) Ⅰペト4・4
(31) 使13・45、46、50、使4・18、使19・9、Ⅰテサ2・16、ヘブ10・29
(32) Ⅱテモ3・5、マタ23・14、マタ6・1、2、5、16
(33) マコ8・38
(34) 詩73・14、15
(35) Ⅰコリ6・5、6、エフェ5・15-17
(36) イザ5・4、Ⅱペト1・8、9
(37) ロマ2・23、24
(38) ガラ3・1、3、ヘブ6・6
(1) 出20・7
(2) レビ19・12
(3) サム上2・12、17、22、24、さらにサム上3・13も参照
(4) エゼ36・21-23、申28・58、59、ゼカ

答　第四戒は、「安息日《び》を心に留め、これを聖別せよ。六日の間働いて、何であれあなたの仕事をし、七日目は、あなたの神、主の安息日であるから、いかなる仕事もしてはならない。あなたも、息子も、娘も、男女の奴隷も、家畜も、あなたの町の門の中に寄留する人々も同様である。六日の間に主は天と地と海とそこにあるすべてのものを造り、七日目に休まれたから、主は安息日を祝福して聖別されたのである」(1)です。

5・2－4

(1) 出20・8－11

問116　第四戒では、何が求められていますか。

答　第四戒は、すべての人間に、神が御言葉において定めておられる一定の時、すなわち、七日のうち丸一日を聖別すること、すなわち神に対して聖く守ることを求めています。その日は、世の初めからキリストの復活までは第七日《なにち》でしたが、それ以降は、世の終わりまで継続して、週の第一日です。これがキリスト教の安息日で(1)、新約聖書では主の日

(1) 申5・12－14、創2・2、3、Ⅰコリ16・1、2、使20・7、マタ5・17、18、イザ56・2、4、6、7

と呼ばれています[2]。

(2) 黙1・10

問117 安息日すなわち主の日は、どのように聖別されなければなりませんか。

答 安息日すなわち主の日は、どのような時でも罪となるような業から離れるだけでなく、他《ほか》の日には合法的であるこの世の業務や娯楽からも離れて[1]、その日丸一日を聖く休むことにより[2]、また、(やむを得ない働きと慈善の働きに用いられる時間を除き[3]) すべての時間を、公的私的に神を礼拝する営み[4]に費やすことをわたしたちの喜びとすることによって、聖別されなければなりません。そのためにわたしたちは、心の準備をし、見通しと注意深さと節度をもってこの世の用事を整え、早めに片付けなければなりません[5]。それはわたしたちが、ひときわ自由にまたふさわしく、安息日の義務を果たすことができるためです。

(1) 出16・25–28、ネヘ13・15–19、21、22、エレ17・21、22
(2) 出20・8、10
(3) マタ12・1–13
(4) イザ58・13、ルカ4・16、使20・7、Iコリ16・1、2、詩92編表題[92・1]、イザ66・23、レビ23・3
(5) 出20・8、ルカ23・54、56、出16・22、25、26、29、ネヘ13・19

問118 なぜ、安息日を守る責任が、特別に家長や他の目上の人たちに命じられているのですか。

答 安息日を守る責任が、特別に家長や他の目上の人たちに命じられているのは、彼ら自身が安息日を守るだけでなく、彼らの責任の下にあるすべての人たちが安息日を守るように取り計らう義務があるからです。また、彼らはしばしば、彼ら自身の仕事によって、責任の下にある人たち［が安息日を守ること］を妨げる傾向があるからです。(1)

(1) 出20・10、ヨシュ24・15、ネヘ13・15、17、エレ17・20–22、出23・12

問119 第四戒で禁じられている罪は何ですか。

答 第四戒で禁じられている罪は、次のものです。すべて求められている義務を怠ること。(1) すべてそれらの義務をいい加減に、怠慢に、無益に果たし、それらにうんざりすること。(2) 怠惰や、それ自体が罪深いことを行うことにより、(3) また、この世の業務や娯楽についてのあらゆる不必要な行い、言葉、思いによって、(4) すべてこの日を汚すことです。

(1) エゼ22・26
(2) 使20・7、9、エゼ33・30–32、アモ8・5、マラ1・13
(3) エゼ23・38
(4) エレ17・24、27、イザ58・13

問120 第四戒を一層強化するために付け加えられている理由は、何ですか。

答 第四戒を一層強化するために付け加えられている理由は、次のとおりです。「六日の間働いて、何であれあなたの仕事をしなさい(1)」との御言葉において、神がわたしたち自身の事柄のために七日の内六日をわたしたちに与え、御自身のためには一日しか取っておかれない、この戒めの公正さ。「七日目は、あなたの神、主の安息日である(2)」とあるように、神がこの日に対して特別な所有権を主張しておられること。「六日の間に主は天と地と海とそこにあるすべてのものを造り、七日目に休まれた」という神の模範。「主は安息日を祝福して聖別されたのである(3)」とあるように、神がこの日の上に置かれた祝福です。神はこの日を神への奉仕のために聖別されただけでなく、わたしたちがこの日を聖別するとき、この日がわたしたちにとって祝福の手段と

(1) 出20・9
(2) 出20・10
(3) 出20・11

なるようにお定めになりました。

問121 なぜ、「心に留めよ」という言葉が、第四戒の冒頭に置かれているのですか。

答 「心に留めよ」という言葉が第四戒の冒頭に置かれているのは、一つには、安息日を心に留めることに大きな益があるからです。[1] それによってわたしたちは、安息日を守るための準備と、[2] じっさいに安息日を守ることにおいて助けられ、残りのすべての戒めをよりよく守り、[3] [わたしたちの]宗教の短い要約を含む創造と贖いという二つの大きな益を、感謝の内に覚え続けるようにされるのです。[4] そしてもう一つには、わたしたちが安息日をすぐに忘れてしまいがちだからです。[5] 安息日のための自然本性の光は比較的少ないにもかかわらず、[6] 安息日は、他の時ならば合法的なことについて、わたしたちの生まれながらの自由を制限しています。[7] また、安息日は七日に一度しかやって来ず、多くのこの世

(1) 出20・8
(2) 出16・23、ルカ23・54、56、さらにマコ15・42も参照、ネヘ13・19
(3) 詩92編表題[92・1]、さらに詩92・13、14[92・14、15]も参照、エゼ20・12、19、20
(4) 創2・2、3、詩118・22、24、さらに使4・10、11も参照、黙1・10
(5) エゼ22・26
(6) ネヘ9・14
(7) 出34・21

の用事が邪魔をして、安息日の準備のためであれ、その日を聖別するためであれ、わたしたちの心を非常にしばしば安息日のことを考えることから引き離します[8]。さらに、サタンが自らの手先を用いて、安息日の栄光を、そしてその記憶さえも消し去り、あらゆる不信仰と不敬虔を持ち込むために大いに努めているのです[9]。

(8) 申5・14、15、アモ8・5
(9) 哀1・7、エレ17・21–23、ネヘ13・15–23

問122 人間に対するわたしたちの義務を含む、六つの戒めの要約は何ですか。

答 人間に対するわたしたちの義務を含む、六つの戒めの要約は、わたしたちの隣人を自分自身のように愛することと[1]、わたしたちが人にしてもらいたいと思うことを人にすることです[2]。

(1) マタ22・39
(2) マタ7・12

問123 第五戒はどれですか。

答 第五戒は、「あなたの父母を敬え。そうすればあなたは、

あなたの神、主が与えられる土地に長く生きることができる」です。[1]

(1) 出20・12

問124 第五戒にある「父母」とは、誰のことを意味しているのですか。

答 第五戒にある「父母」とは、実の両親だけでなく、[1] すべて年齢[2]と賜物[3]においても目上の人、特に、家庭[4]、教会[5]、国家[6]のいずれにおいても、神の定めによって、わたしたちの上に、権威ある立場に置かれている人々のことを意味しています。

(1) 箴23・22、25、エフェ6・1、2
(2) Iテモ5・1、2
(3) 創4・20-22、創45・8
(4) 王下5・13
(5) 王下2・12、王下13・14、ガラ4・19
(6) イザ49・23

問125 なぜ、目上の人が「父母」と呼ばれるのですか。

答 目上の人が「父母」と呼ばれるのは、目上の人の目下の人に対するすべての義務において、実の両親のように、それぞれの関係に応じて愛と優しさを示すように彼らに教えるためと、[1] 同時に、目下の人が目上の人に義務を果たす時、自分の両親に対してするように、一層自発的に喜んでする

(1) エフェ6・4、IIコリ12・14、Iテサ2・7、8、11、民11・11、12

ように、彼らを促すためです。[2]

(2) Ⅰコリ4・14−16、王下5・13

問126 第五戒の総体的な目標は何ですか。

答 第五戒の総体的な目標は、わたしたちが、目下の人、目上の人、あるいは対等の人として、それぞれの関係において相互に負っている義務を果たすことです。[1]

(1) エフェ5・21、Ⅰペト2・17、ロマ12・10

問127 目下の人が目上の人に対して払うべき尊敬とは何ですか。

答 目下の人が目上の人に対して払うべき尊敬とは、次のことです。心[1]と言葉[2]とふるまいによって[3]すべてのふさわしい敬意を表すこと。彼らのために祈り、感謝すること。[4] 彼らの徳と恵みの賜物にならうこと。[5] 彼らの合法的な命令と勧告に喜んで従うこと。[6] 彼らの懲らしめに対してふさわしく服従すること。[7] 彼らのそれぞれの地位と、その立場の性質に応じて、[8] その人物と権威に対して忠誠[9]と擁護[10]と支持を与えること。彼らの弱点に忍耐し、愛をもってそれを包むこと。[11]

(1) マラ1・6、レビ19・3
(2) 箴31・28、Ⅰペト3・6
(3) レビ19・32、王上2・19
(4) Ⅰテモ2・1、2
(5) ヘブ13・7、フィリ3・17
(6) エフェ6・1、2、5−7、Ⅰペト2・13、14、ロマ13・1−5、ヘブ13・17、箴4・3、4、箴23・22、出18・19、24
(7) ヘブ12・9、Ⅰペト2・18−20
(8) マタ22・21、ロマ13・6、7、Ⅰテモ5・17、18、ガラ6・6、創45・11、創47・12
(9) テト2・9、10

そして、こうすることによって、自分たちが、目上の人にとっても彼らの統治にとっても名誉となることです。(12)

(10) サム上26・15、16、サム下18・3、エス6・2
(11) Ⅰペト2・18、箴23・22、創9・23
(12) 詩127・3－5、箴31・23

問128 目上の人に対する目下の人の罪とは何ですか。

答 目上の人に対する目下の人の罪とは、次のものです。目上の人に対して求められている義務をすべて無視すること。(1) 目上の人から合法的な勧告、(2) 命令、懲らしめを受けた際、(3) 彼らの人物(4)と立場(5)をねたみ、(6) 軽んじ、(7) 反抗すること。(8) 呪いやあざけり、(9) また何であれ目上の人とその統治にとって恥と不名誉となるような、不従順で恥ずべき身のこなしです。(10)

(1) マタ15・4－6
(2) サム上2・25
(3) 申21・18－21
(4) 出21・15
(5) サム上10・27
(6) 民11・28、29
(7) サム上8・7、イザ3・5
(8) サム下15・1－22
(9) 箴30・11、17
(10) 箴19・26

問129 目下の人に対することとして、何が目上の人に求められていますか。

答 目上の人に求められているのは、次のことです。彼らが神から授かっている力と、置かれている関係に応じて、目下の人を愛し、(1) 彼らのために祈り、(2) 祝福すること。(3) 彼らを教

(1) コロ3・19、テト2・4
(2) サム上12・23、ヨブ1・5
(3) 王上8・55、56、ヘブ7・7、創49・28

え、[4] 助言し、諭すこと。[5] 立派に行った人に対して好意を示し、[6] 称賛し、[7] 報いを与えること。[8] 不十分に行った人を恥じ入らせ、[9] 叱責し、懲らしめること。[10] 目下の人を守り、[11] 霊魂[12]と体[13]に必要なすべてのものを彼らに与えること。まじめで、賢く、聖い、模範的な身のこなしによって、神には栄光、[14]自分自身には名誉をもたらし、[15] そのようにして、神が自分たちに委ねておられる権威を保つことです。[16]

(4) 申6・6、7
(5) エフェ6・4
(6) Iペト3・7
(7) Iペト2・14、ロマ13・3
(8) エス6・3
(9) ロマ13・3、4
(10) 箴29・15、Iペト2・14
(11) ヨブ29・12–17、イザ1・10、17
(12) エフェ6・4
(13) Iテモ5・8
(14) Iテモ4・12、テト2・3–5
(15) 王上3・28
(16) テト2・15

問130

目上の人の罪とは何ですか。

答

目上の人の罪とは、彼らに求められている義務を無視すること以外に、[1] 次のことです。自分自身、[2] 自分の栄光、[3] 安逸、利得、快楽を過度に追及すること。[4] 不法なことや、[5] その人の力に余ることを目下の人に命じること。[6] 悪いことについて、目下の人に勧めたり、[7] 励ましたり、[8] 賛成したりすること。[9] 良いことについて、目下の人にしない方がいいと忠告したり、思いとどまらせたり、反対したりすること。[10] 目下

(1) エゼ34・2–4
(2) フィリ2・21
(3) ヨハ5・44、ヨハ7・18
(4) イザ56・10、11、申17・17
(5) ダニ3・4–6、使4・17、18
(6) 出5・10–18、マタ23・2、4
(7) マタ14・8、さらにマコ6・24も参照
(8) サム下13・28
(9) サム上3・13

の人を不当に懲らしめること(1)。目下の人を悪や誘惑や危険に、不注意にさらしたり、そこに放置したりすること(12)。目下の人を挑発して激怒させること(13)。不公平で、思慮に欠け、過酷な、あるいは無気力なふるまいによって、ともかく自分自身の名誉を汚したり、自分たちの権威をおとしめたりすることです(14)。

（10）ヨハ7・46–49、コロ3・21、出5・17
（11）Ⅰペト2・18–20、ヘブ12・10、申25・3
（12）創38・11、26、使18・17
（13）エフェ6・4
（14）創9・21、王上12・13–16、王上1・6、サム上2・29–31

問131　対等の人の義務とは何ですか。

答　対等の人の義務とは、相手を自分より優れた者として尊んで(1)、互いの名声と価値を重んじること(2)、また、互いに相手の賜物と向上を自分のことのように喜ぶことです(3)。

（1）ロマ12・10
（2）Ⅰペト2・17
（3）ロマ12・15、16、フィリ2・3、4

問132　対等の人の罪とは何ですか。

答　対等の人の罪とは、求められている義務を無視する以外に(1)、互いに相手の価値を低く見ること(2)、相手の賜物をねたむこと(3)、相手の向上や繁栄を嘆くこと(4)、そして、不当に相手よ

（1）ロマ13・8
（2）Ⅱテモ3・3
（3）使7・9、ガラ5・26
（4）民12・2、エス6・12、13

り上に立とうとすることです[5]。

（5）Ⅲヨハ9、ルカ22・24

問133 第五戒を一層強化するために付け加えられている理由は、何ですか。

答 「そうすればあなたは、あなたの神、主が与えられる土地に長く生きることができる[1]」という言葉で、第五戒に付け加えられている理由は、この戒めを守るすべての人々に対する、神の栄光と彼ら自身の益になる限りでの、長寿と繁栄の明確な約束です[2]。

（1）出20・12
（2）申5・16、王上8・25、エフェ6・2、3

問134 第六戒はどれですか。

答 第六戒は、「殺してはならない[1]」です。

（1）出20・13

問135 第六戒で求められている義務は何ですか。

答 第六戒で求められている義務は、わたしたち自身[1]と他の人々[2]の命を守るための、あらゆる注意深い検討と合法的な

（1）エフェ5・28、29
（2）王上18・4
（3）エレ26・15、16、使23・12、16、17、21、27
（4）エフェ4・26、27
（5）サム下2・22、申22・8
（6）マタ4・6、7、箴1・10、11、15、16
（7）サム上24・12、サム上26・9－11、創37・21、22
（8）詩82・4、箴24・11、12、サム上14・

努力です。それは、次のことによってなされます。誰の命であれ、それを不当に奪うこととなる、あらゆる思いと企てに抵抗し(3)、そのようなすべての情念を抑制し(4)、さらに、そうしたあらゆる機会(5)と誘惑(6)とならわしを避けること(7)。暴力から命を守る正当な防衛(8)、神の御手を耐え忍ぶこと(9)、心の平静さ(10)、心持ちの快活さ(11)、食べ物(12)・飲み物(13)・医薬(14)・睡眠(15)・労働(16)・娯楽(17)を適度にとること。さらに、寛大な心(18)、愛(19)、同情心(20)、柔和さ、礼儀正しさ、親切な態度(21)。穏やかで(22)、温厚で、丁重な話し方とふるまい(23)。我慢強さ、進んで人と和解すること、侮辱的言動を耐え忍んで赦し、善をもって悪に報いること(24)。悩み苦しむ人々を慰め助け、潔白な人々を保護し擁護することです(25)。

問136　第六戒で禁じられている罪は何ですか。

答　第六戒で禁じられている罪は、次のものです。公共的正義(1)、合法的戦争(2)、あるいはやむを得ない防衛(3)の場合を除い

45
(9) ヤコ5・7–11、ヘブ12・9
(10) Ｉテサ4・11、Ｉペト3・4、詩37・8–11
(11) 箴17・22
(12) 箴25・16、27
(13) Ｉテモ5・23
(14) イザ38・21
(15) 詩127・2
(16) コヘ5・12[5・11]、Ｉテサ3・10、12、箴16・26
(17) コヘ3・4、11
(18) サム上19・4、5、サム上22・13、14
(19) ロマ13・10
(20) ルカ10・33–35
(21) コロ3・12、13
(22) ヤコ3・17
(23) Ｉペト3・8–11、箴15・1、士8・1–3
(24) マタ5・24、エフェ4・2、32、ロマ12・17、20、21
(25) Ｉテサ5・14、ヨブ31・19、20、マタ25・35、36、箴31・8、9

て、わたしたち自身や他の人々[4]の命を奪うこと。命を保持するための合法的でなくてはならない手段を無視したり、放棄したりすること[5]。罪深い怒り[6]、憎しみ[7]、ねたみ[8]、復讐心[9]、あらゆる度を越した情念[10]、取り乱すほどの思いわずらい[11]、食べ物・飲み物[12]・労働[13]・娯楽[14]について節制のないこと[15]。挑発的な言葉[16]、抑圧すること[17]、言い争うこと[18]、打ちたたくこと、傷を負わせること[19]、その他、いかなる人の命であれ、それを滅ぼすことにつながるすべてのことです[20]。

問137 第七戒はどれですか。

答 第七戒は、「姦淫してはならない」[1]です。

問138 第七戒で求められている義務は何ですか。

答 第七戒で求められている義務は、次のものです。体・知性・感情[1]・言葉[2]・ふるまいにおける純潔[3]、また、わたしたち自身と他の人々の内に純潔を保持すること[4]。目とすべて

(1) 民35・31、33
(2) エレ48・10、申20章
(3) 出22・2、3
(4) 使16・28
(5) 創9・6
(6) マタ25・42、43、ヤコ2・15、16、コヘ6・1、2
(7) マタ5・22
(8) Iヨハ3・15、レビ19・17
(9) 箴14・30
(10) ロマ12・19
(11) エフェ4・31
(12) マタ6・31、34
(13) ルカ21・34、ロマ13・13
(14) コヘ12・12、コヘ2・22、23
(15) イザ5・12
(16) 箴15・1、箴12・18
(17) エゼ18・18、出1・14
(18) ガラ5・15、箴23・29
(19) 民35・16–18、21
(20) 出21・18–36

(1) 出20・14

(1) Iテサ4・4、ヨブ31・1、Iコリ

の感覚について注意深くあること(5)。節制(6)、純潔な交際を保つこと(7)、服装における慎み(8)、禁欲の賜物を持っていない人々の結婚(9)。夫婦間の愛(10)および同居(11)。自分の職業に勤勉に励むこと(12)、すべての不潔な機会を遠ざけ、不潔への誘惑に抵抗することです(13)。

7・34
(2) コロ4・6
(3) Iペト3・2
(4) Iコリ7・2、35、36
(5) ヨブ31・1
(6) 使24・24、25
(7) 箴2・16−21
(8) Iテモ2・9
(9) Iコリ7・2、9
(10) 箴5・19、20
(11) Iペト3・7
(12) 箴31・11、27、28
(13) 箴5・8、創39・8−10

問139

第七戒で禁じられている罪は何ですか。

答　第七戒で禁じられている罪は、求められている義務を無視する以外に(1)、次のものです。姦淫、不品行(2)、強姦、近親相姦(3)、同性愛、およびすべての人間の本性に反する欲望(4)。すべての汚れた想像・思い・企て・感情(5)。すべての腐敗した、あるいは卑猥な会話、または、それに耳を傾けること(6)。みだらな思いで見ること(7)。恥知らずの、あるいは軽薄なふるまい。慎みのない服装(8)。合法的な結婚を禁じたり(9)、不法な結婚を許可すること(10)。売春宿を許可したり、黙認したり、保持したりすること、またそこに通うこと(11)。人を困難に陥

(1) 箴5・7
(2) ヘブ13・4、ガラ5・19
(3) サム下13・14、Iコリ5・1
(4) ロマ1・24、26、27、レビ20・15、16
(5) マタ5・28、マタ15・19、コロ3・5
(6) エフェ5・3、4、箴7・5、21、22
(7) イザ3・16、IIペト2・14
(8) 箴7・10、13
(9) Iテモ4・3
(10) レビ18・1−21、マコ6・18、マラ

れる独身生活の誓願。[12] はなはだしく結婚を遅らせること。[13] 同時にひとりより多くの妻あるいは夫をもつこと。[14] 不当な離婚[15]や配偶者を遺棄すること。[16] 怠惰、暴食、酩酊、[17] 不純な交際、[18] 扇情的な歌・本・絵・踊り・舞台演技。[19] その他、わたしたち自身であれ他の人々であれ、不潔なことへと誘発したり、じっさいにさせたりするすべてのことです。[20]

問140 第八戒はどれですか。

答 第八戒は、「盗んではならない」[1] です。

問141 第八戒で求められている義務は何ですか。

答 第八戒で求められている義務は、次のものです。人と人との間の契約や商取引における真実、誠実、公正。[1] 誰に対しても、その人に当然払われるべきものを与えること。[2] 正当な所有者から不法に自分のもとに確保している財産を返還すること。[3] 自分にできることと他の人々の必要に応じて、

(11) 王上15・12、王下23・7、申23・17、18[23・18、19]、レビ19・29、エレ5・7、箴7・24-27
2・11、12
(12) マタ19・10、11
(13) Iコリ7・7-9、創38・26
(14) マラ2・14、15、マタ19・5
(15) マラ2・16、マタ5・32
(16) Iコリ7・12、13
(17) エゼ16・49、箴23・30、33
(18) 創39・10、箴5・8
(19) エフェ5・4、エゼ23・14-16、イザ23・15-17、イザ3・16、マコ6・22、ロマ13・13、Iペト4・3
(20) 王下9・30、さらにエレ4・30とエゼ23・40も参照

(1) 出20・15

(1) 詩15・2、4、ゼカ7・4、10、ゼカ8・16、17
(2) ロマ13・7
(3) レビ6・2-5[5・21-24]、さらにルカ19・8も参照
(4) ルカ6・30、38、Iヨハ3・17、エ

惜しみなく与え、また貸すこと。[4] この世の財産についての自分の判断・意志・感情に節度があること。[5] 自分の体力を維持するために必要で適切なもの、また、自分の状況に見合ったものを、手に入れ、[6] 保有し、活用し、処分するための、慎重な心配りと考察。[7] 合法的な職業と、[8] それにおける勤勉さ。[9] 倹約、[10] 不必要な訴訟[11]と連帯保証責任、あるいは他の同様の債務を避けること。[12] そして、自分自身だけでなく、他の人々の富と物質的な生活状態を、あらゆる正当で合法的な手段によって、獲得し、保持し、殖やすために努力することです。[13]

(5) Iテモ6・6–9、ガラ6・14
フェ4・28、ガラ6・10
(6) Iテモ5・8
(7) 箴27・23–27、コヘ2・24、コヘ3・12、13、Iテモ6・17、18、イザ38・1、マタ11・8
(8) Iコリ7・20、創2・15、創3・19
(9) エフェ4・28、箴10・4
(10) ヨハ6・12、箴21・20
(11) Iコリ6・1–9
(12) 箴6・1–6、箴11・15
(13) レビ23・35、申22・1–4、出23・4、5、創47・14、20、フィリ2・4、マタ22・39

問142

第八戒で禁じられている罪は何ですか。

答

第八戒で禁じられている罪は、求められている義務を無視する以外に、[1] 次のものです。窃盗、[2] 強盗、[3] 誘拐、[4] 盗品を受け取ること。[5] 詐欺行為、[6] 偽りの量りと物差し、[7] 土地の境標の移動。[8] 人と人との契約[9]や委託事項[10]における不正と不誠

(1) ヤコ2・15、16、Iヨハ3・17
(2) エフェ4・28
(3) 詩62・10[62・11]
(4) Iテモ1・10
(5) 箴29・24、詩50・18
(6) Iテサ4・6
(7) 箴11・1、箴20・10
(8) 申19・14、箴23・10
(9) アモ8・5、詩37・21
(10) ルカ16・10–12

実。抑圧[11]、ゆすり[12]、高利貸し[13]、賄賂[14]、みだりに訴えること[15]、不当な土地囲い込みと住民追放[16]。価格を釣り上げるための商品買い占め[17]、不法な職業[18]、その他、すべて不正で罪深い仕方で隣人からその所有物を取ったり、留め置いたりすること[19]。貪欲[20]、あるいは同じような仕方で自分自身を富ませること[21]。この世の財産を過度に重んじ、愛着を持つこと[21]。この世の財産を手に入れ、保有し、活用する際に、疑い深く、気が気でなくなるほど心配し、考えを巡らすこと[22]。他の人々の繁栄をねたむこと[23]。同様に、怠惰[24]、浪費、散財する賭博、その他、自分自身の物質的な生活状態を不当に損なうあらゆる仕方[25]。さらに、神がわたしたちに与えてくださった状態を、ふさわしく用い楽しむことから、自らを欺いて遠ざけることです[26]。

(11) エゼ22・29、レビ25・17
(12) マタ23・25、エゼ22・12
(13) 詩15・5
(14) ヨブ15・34
(15) Ｉコリ6・6－8、箴3・29、30
(16) イザ5・8、ミカ2・2
(17) 箴11・26
(18) 使19・19、24、25
(19) ヨブ20・19、ヤコ5・4、箴21・6
(20) ルカ12・15
(21) Ｉテモ6・5、コロ3・2、箴23・5、詩62・10［62・11］
(22) マタ6・25、31、34、コヘ5・12［5・11］
(23) 詩73・3、詩37・1、7
(24) Ⅱテサ3・11、箴18・9
(25) 箴21・17、箴23・20、21、箴28・19
(26) コヘ4・8、コヘ6・2、Ｉテモ5・8

問143 第九戒はどれですか。

答 第九戒は、「隣人に関して偽証してはならない[1]」です。

(1) 出20・16

問144

答

第九戒で求められている義務は何ですか。

第九戒で求められている義務は、次のものです。人と人の間の真実と、(1)わたしたち自身および隣人の名声を、保護し、(2)促進すること。裁判や正義に関して、(3)また、その他すべての事柄について、(4)真実のために出廷し、立ち上がり、(5)心から、(6)誠実に、(7)自由に、(8)明瞭に、(9)十分に、(10)真実を、そして真実のみを語ること。隣人に対する思いやりのある判断。(11)隣人の名声を愛し、望み、喜ぶこと。(12)隣人の欠点を残念に思い、(13)かばうこと。(14)隣人の才能や恵みの賜物を率直に認めること。(15)隣人の潔白を擁護すること。(16)隣人に関する良い評判は喜んで受け入れ、(17)悪い評判を認めることには慎重であること。(18)人のうわさを言いふらす人、(19)へつらう人、(20)中傷する人にやめるように説得すること。(21)自分自身の名声を愛し、また大切にし、必要があればそれを擁護すること。(22)合法的な約束を守ること。(23)すべて真実なこと、気高いこと、愛す

(1)ゼカ8・16
(2)Ⅲヨハ12
(3)レビ19・15、箴14・5、25
(4)Ⅱコリ1・17、18、エフェ4・25
(5)箴31・8、9
(6)詩15・2
(7)代下19・9
(8)サム上19・4、5
(9)ヨシュ7・19
(10)サム下14・18－20
(11)ヘブ6・9、Ⅰコリ13・7
(12)ロマ1・8、Ⅱヨハ4、Ⅲヨハ3、4
(13)Ⅱコリ2・4、Ⅱコリ12・21
(14)箴17・9、Ⅰペト4・8
(15)Ⅰコリ1・4、5、7、Ⅱテモ1・4、5
(16)サム上22・14
(17)Ⅰコリ13・6、7
(18)詩15・3
(19)箴25・23
(20)箴26・24、25
(21)詩101・5
(22)箴22・1、ヨハ8・49
(23)詩15・4

べきこと、名誉なことを、志し、実行することです。(24)

問145

第九戒で禁じられている罪は何ですか。

答

第九戒で禁じられている罪は、次のものです。すべて、真実と、わたしたち自身および隣人の名声を傷つけること、(1)特に公的な裁判において、(2)偽りの証拠を示すこと、(3)偽りの証言をさせること、(4)悪しき申し立てのために故意に出廷して弁ずること、(5)真実に挑んでそれを押え込むこと、不当な判決を下すこと、(6)悪を善と呼び、善を悪と呼ぶこと、正しい人の行いに応じて悪人たちに報い、悪人たちの行いに応じて正しい人に報いること。(7)偽造すること、(8)真実を覆い隠すこと、(9)正しい申し立てを不当に黙殺すること、重大な不正に対して、わたしたち自身がとがめ立てるか、(10)あるいは他の人に訴えるかすべき時に、(11)沈黙を守ること。真実を語る場合に、ふさわしくない時に、(12)あるいは悪意をもって悪い目的のために、(13)あるいは真実を悪い意味に曲解して、(14)あ

(24) フィリ4・8

(1) サム上17・28、サム下16・3、サム下1・9、10、15、16
(2) レビ19・15、ハバ1・4
(3) 箴19・5、箴6・16、19
(4) 使6・13
(5) エレ9・3、5[9・2、4]、使24・2、5、詩12・3、4[12・4、5]、詩52・1–4[52・3–6]
(6) 箴17・15、王上21・9–13
(7) イザ5・23
(8) 詩119・69、ルカ19・8、ルカ16・5–7
(9) レビ5・1、申13・8[13・9]、使5・3、8、9、Ⅱテモ4・16
(10) 王上1・6、レビ19・17
(11) イザ59・4
(12) 箴29・11
(13) サム上22・9、10、さらに詩52・1–4[52・3–6]も参照
(14) 詩56・5[56・6]、ヨハ2・19、さらにマタ26・60、61も参照
(15) 創3・5、創26・7、9
(16) イザ59・13

るいは真実や正義を損なうことになるような、曖昧でどうとも取れるような表現をすること。[15] 真実でないことを語ること、[16] うそをつくこと、[17] 中傷すること、[18] 陰口を言うこと、[19] 人をけなすこと、[20] 悪いうわさを言いふらすこと、[21] ひそひそ話をすること、[22] あざけること、[23] ののしること、[24] 性急で過酷で[25] 不公平な非難をすること、[26] 意図・言葉・行為の意味を取り違えること、[27] こびへつらうこと、[28] 虚栄心の強い自慢話をすること。[29] 自分自身や他の人々を過大に、あるいは過少に評価したり、話したりすること。[30] 神が与えてくださる才能や恵みの賜物を否定すること。[31] 比較的小さな欠点を重くみなすこと。[32] 自発的な告白が求められている場合に罪を隠したり、言い訳をしたり、あるいは軽くみなしたりすること。[33] 弱点を不必要にあらわにすること。[34] 偽りのうわさを立てること。[35] 悪い評判を受け入れて支持すること。[36] 正当な弁明に耳を貸さないこと。[37] 邪推すること。[38] 誰であれ、その人が受けるに値する信望をねたみ、あるいは悲しむこと。[39] それを

(17) レビ19・11、コロ3・9
(18) 詩50・20
(19) 詩15・3
(20) ヤコ4・11、エレ38・4
(21) レビ19・16
(22) ロマ1・29、30
(23) 創21・9、さらにガラ4・29も参照
(24) Iコリ6・10
(25) マタ7・1
(26) 使28・4
(27) 創38・24、ロマ2・1
(28) ネへ6・6–8、ロマ3・8、詩69・10[69・11]、サム上1・13–15、サム下10・3
(29) 詩12・2、3[12・3、4]
(30) IIテモ3・2
(31) ルカ18・9、11、ロマ12・16、Iコリ4・6、使12・22、出4・10–14
(32) ヨブ27・5、6、ヨブ4・6
(33) マタ7・3–5
(34) 箴28・13、箴30・20、創3・12、13、エレ2・35、王下5・25、創4・9
(35) 創9・22、箴25・9、10
(36) 出23・1

傷つけようと努めたり、願ったりすること(41)。彼らの不面目《ふめんぼく》や不名誉を喜ぶこと(42)。冷笑的にあざけること(43)。たわいのない称賛(44)。合法的な約束を破ること(45)。評判の良いことを無視すること(46)。悪名をもたらすようなことを実行したり、それを遠ざけないこと、あるいは、他の人々がそうするのをできる限り防ごうとしないことです(47)。

(37) 箴29・12
(38) 使7・56、57、ヨブ31・13、14
(39) Ⅰコリ13・5、Ⅰテモ6・4
(40) 民11・29、マタ21・15
(41) エズ4・12、13
(42) エレ48・27
(43) 詩35・15、16、21、マタ27・28、29
(44) ユダ16、使12・22
(45) ロマ1・31、Ⅱテモ3・3
(46) サム上2・24
(47) サム下13・12、13、箴5・8、9、箴6・33

問146 第十戒はどれですか。

答 第十戒は、「隣人の家を欲してはならない。隣人の妻、男女の奴隷、牛、ろばなど隣人のものを一切欲してはならない(1)」です。

(1) 出20・17

問147 第十戒で求められている義務は何ですか。

答 第十戒で求められている義務は、わたしたち自身の状況に十分満足し(1)、また隣人に対して心底から思いやりの心を持つことです。そのようにして、隣人に関するわたしたちの

(1) ヘブ13・5、Ⅰテモ6・6

すべての内なる意向と感情が、隣人の所有しているすべての良いものに心を配り、それを殖やすようになることです。(2)

(2) ヨブ31・29、ロマ12・15、詩122・7－9、Iテモ1・5、エス10・3、Iコリ13・4－7

問148 第十戒で禁じられている罪は何ですか。

答 第十戒で禁じられている罪は、わたしたち自身の生活状態に満足しないこと、(1) 隣人の幸いをねたんだり悲しんだりすること、(2) さらに、(3) 隣人の所有するいかなるものに対してであれ、過度な意向や愛着を抱くことです。(4)

(1) 王上21・4、エス5・13、Iコリ10・10
(2) ガラ5・26、ヤコ3・14、16
(3) 詩112・9、10、ネヘ2・10
(4) ロマ7・7、8、ロマ13・9、コロ3・5、申5・21

問149 これらの神の戒めを完全に守れる人が、誰かいますか。

答 誰ひとり、自分自身によってであれ、(1) この世で受けるいかなる恵みによってであれ、神の戒めを完全に守ることはできません。(2) かえって、思い(3)と言葉と行いにおいて、日毎にそれらを破っています。(4)

(1) ヤコ3・2、ヨハ15・5、ロマ8・3
(2) コヘ7・20、Iヨハ1・8、10、ガラ5・17、ロマ7・18、19
(3) 創6・5、創8・21
(4) ロマ3・9－21、ヤコ3・2－13

問150 神の律法に対する違反はすべて、それ自体で、また神の前

答 で、同じ程度に邪悪なものなのですか。

神の律法に対する違反がすべて、同じ程度に邪悪なのではありません。ある罪は、それ自体で、またいくつかの加重の理由によって、他の罪よりも神の前で、いっそう邪悪なものです。(1)

(1) ヨハ19・11、エゼ8・6、13、15、Iヨハ5・16、詩78・17、32、56

問151 ある罪を、他の罪よりもいっそう邪悪なものとする加重とは何ですか。

答 罪が加重されるのは、次のことからです。

[1] 罪を犯す当人[の立場]から。(1) 彼らが、円熟した年齢に達しており、(2) より豊かな経験や賜物を持っている人の場合。(3) 知的な職業・(4) 才能・(5) 地位・(6) 職務(7)のゆえに著名な人の場合。他の人々の指導者で、(8) 他の人々がならう手本とされているような人の場合。(9)

[2] 罪の害を被る側[の立場]から。(10) 神(11)と神の属性(12)と神礼拝(13)に対し直接的になされる場合。キリストとその恵みに

(1) エレ2・8
(2) ヨブ32・7、9、コヘ4・13
(3) 王上11・4、9
(4) サム下12・14、Iコリ5・1
(5) ヤコ4・17、ルカ12・47、48
(6) エレ5・4、5
(7) サム下12・7–9、エゼ8・11、12
(8) ロマ2・17–25
(9) ガラ2・11–14
(10) マタ21・38、39
(11) サム上2・25、使5・4、詩51・4 [51・6]
(12) ロマ2・4
(13) マラ1・8、14
(14) ヘブ2・2、3、ヘブ12・25
(15) ヘブ10・29、マタ12・31、32
(16) エフェ4・30
(17) ヘブ6・4、5

対してなされる場合。[14] 聖霊と聖霊[15]の証し[16]と聖霊の働き[17]に対してなされる場合。目上の人・著名な人[18]・特別な関係にあって、約束を交わしているような人に対してなされる場合。[19] 聖徒の誰かに対してなされる場合。[20] 特に、弱い兄弟たち・[21]彼らや他の人たちの霊魂に対して、[22]また、すべての人、あるいは多くの人の共通の利益に対してなされる場合。[23]

［3］ 違反の性質と特色から。[24] 律法の明確な条文に反し、[25]多くの戒めを破り、その内に多くの罪を含んでいる場合。[26]心の中で考えられただけでなく、言葉と行いとして現れ、[27]他の人々をつまずかせ、[28]修復の余地がない場合。[29] 恵みの手段[30]・憐れみ[31]・裁き[32]・自然本性の光[33]・良心の確信[34]・公的あるいは私的な訓戒[35]・教会の譴責[36]・法に基づく処罰[37]に逆らう場合。また、神あるいは人間に対する、わたしたち自身の祈り・決心・約束[38]・誓願[39]・契約[40]・取り決め[41]に反する場合。罪を犯すことについて、それをよく考えた上で、[42]故意に、[43]強引に、[44]あつかましく、[45]得意げに、[46]悪意をもって、[47]頻繁に、[48]

(18) ユダ8、民12・8、9、イザ3・5
(19) 箴30・17、IIコリ12・15、詩55・12－15［55・13－16］
(20) ゼファ2・8、10、11、マタ18・6、Iコリ6・8、黙17・6
(21) Iコリ8・11、12、ロマ14・13、15、21
(22) エゼ13・19、Iコリ8・12、黙18・13、マタ23・15
(23) Iテサ2・15、16、ヨシュ22・20
(24) 箴6・30－35
(25) エズ9・10－12、王上11・9－10
(26) コロ3・5、Iテモ6・10、箴5・8－12、箴6・32、33、ヨシュ7・21
(27) ヤコ1・14、15、マタ5・22、ミカ2・1
(28) マタ18・7、ロマ2・23、24
(29) 申22・22、さらに申22・28、29も参照、箴6・32－35
(30) マタ11・21－24、ヨハ15・22
(31) イザ1・3、申32・6
(32) アモ4・8－12、エレ5・3
(33) ロマ1・26、27
(34) ロマ1・32、ダニ5・22、テト3・10、11

執拗に、[49] 楽しみつつ、[50] 継続的に、[51] あるいは、悔い改めた後再びもとに戻ってなされる場合。[52]

［4］ 時[53]と場所[54]の状況から。主の日、[55] あるいは他の神礼拝の時、[56] あるいは礼拝の直前[57]や直後、[58] また、そのような誤りに対する予防策や善後策がとられたにもかかわらず犯される場合。[59] 人前で、すなわち、それによって誘発されたり、傷つけられたりしかねない人々のいるところで犯される場合。[60]

問152 答

すべての罪は、神の御手によって、何に値しますか。

すべての罪は、いかに小さなものでも、神の主権[1]と慈しみ[2]と聖さ[3]に逆らい、神の正しい律法に反するものですので、[4] この世においても、[5] 来《きた》るべき世においても、[6] 神の怒りと呪いに価します。[7] それは、キリストの血による以外に、償われることはあり得ません。[8]

(35) 箴29・1
(36) テト3・10、マタ18・17
(37) 箴27・22、箴23・35
(38) 詩78・34―37、エレ2・20、エレ42・5、6、20、21
(39) コヘ5・4―6［5・3―5］、箴20・25
(40) レビ26・25
(41) 箴2・17、エゼ17・18、19
(42) 詩36・4［36・5］
(43) エレ6・16
(44) 民15・30、出21・14
(45) エレ3・3、箴7・13
(46) 詩52・1［52・3］
(47) Ⅲヨハ10
(48) 民14・22
(49) ゼカ7・11、12
(50) 箴2・14
(51) イザ57・17
(52) エレ34・8―11、Ⅱペト2・20―22
(53) 王下5・26
(54) エレ7・10、イザ26・10
(55) エゼ23・37―39
(56) イザ58・3―5、民25・6、7
(57) Ⅰコリ11・20、21

問153　律法に対する違反のゆえに、わたしたちが受けて当然である神の怒りと呪いを免れるために、神はわたしたちに何を求めておられますか。

答　律法に対する違反のゆえに、わたしたちが受けて当然である神の怒りと呪いを免れるために、神はわたしたちに、神に対する悔い改めと、わたしたちの主イエス・キリストに対する信仰と、(1)それらと共に、キリストが御自身の仲介の恩恵をわたしたちに分かち与えるのにお用いになる外的手段を、注意深く用いることを(2)求めておられます。

問154　キリストが、御自身の仲介の恩恵をわたしたちに分かち与えるのにお用いになる外的手段は何ですか。

答　キリストが、御自身の仲介の恩恵をわたしたちに分かち与えるのにお用いになる外的で通常の手段は、キリストのすべての諸規定、特に、御言葉と聖礼典と祈りです。これらすべてが、選びの民にとって、彼らの救いのために有効と

(58) エレ7・8-10、箴7・14、15、ヨハ13・27、30
(59) エズ9・13、14
(60) サム下16・22、サム上2・22-24

(1) ヤコ2・10、11
(2) 出20・1、2
(3) ハバ1・13、レビ10・3、レビ11・44、45
(4) Iヨハ3・4、ロマ7・12
(5) 哀3・39、申28・15-68
(6) マタ25・41
(7) エフェ5・6、ガラ3・10
(8) ヘブ9・22、Iペト1・18、19

(1) 使20・21、マタ3・7、8、ルカ13・3、5、使16・30、31、ヨハ3・16、18
(2) 箴2・1-6、箴8・33-36

されます。(1)

(1) マタ28・19、20、使2・42、46、47

問155 御言葉は、どのようにして救いに有効とされるのですか。

答 神の御霊が、御言葉の朗読、特に御言葉の説教を、次のことのために有効な手段とされます。すなわち、罪人を照らし、(1) 罪を自覚させ、へりくだらせるため、(2) 彼らを自分自身から引き離してキリストに引き寄せるため、(3) 彼らをキリストのかたちに造りかえ、(4) その御心に服従させるため、(5) 彼らを誘惑や腐敗に対して強くするため、(6) 彼らを恵みのうちに建て上げ、(7) 彼らの心を、信仰によって聖さと慰めのうちにゆるぎないものとして救いに至らせるためです。(8)

(1) ネヘ8・8、使26・18、詩19・8［19・9］
(2) Ⅰコリ14・24、25、代下34・18、19、26–28
(3) 使2・37、41、使8・27–39
(4) Ⅱコリ3・18
(5) Ⅱコリ10・4–6、ロマ6・17
(6) マタ4・4、7、10、エフェ6・16、17、詩19・11［19・12］、Ⅰコリ10・11
(7) 使20・32、Ⅱテモ3・15–17
(8) ロマ16・25、Ⅰテサ3・2、10、11、13、ロマ15・4、ロマ10・13–17、ロマ1・16

問156 神の言葉は、すべての人によって読まれなければなりませんか。

答 すべての人が、御言葉を会衆に対して公的に朗読することが許されているわけではありませんが、(1) しかしどのような

(1) 申31・9、11–13、ネヘ8・2、3、ネヘ9・3–5

人も、自分ひとりで、(2)また家族と共に、(3)御言葉を読む義務があります。その目的のために、聖書は原語から一般民衆の言語に翻訳されなければなりません。(4)

問157

答 神の言葉は、どのように読まれなければなりませんか。

聖書は、それに対する高い畏敬の思いをもって、(1)聖書がまさしく神の言葉であり、(2)神のみがわたしたちにそれを理解させることができるとの堅い確信をもって、(3)聖書の中に啓示されている神の御意志を知り、信じ、従いたいという願いをもって、(4)注意深く、(5)聖書の内容と目標に留意しつつ、(6)瞑想と(7)適用と(8)自己否定と(9)祈りを(10)もって、読まれなければなりません。

問158

答 神の言葉は、誰によって説教されなければなりませんか。

神の言葉は、十分に賜物が与えられ、(1)また、その職務に就くことを正式に承認されて召された者(2)によってのみ、説教

(2) 申17・19、黙1・3、ヨハ5・39、イザ34・16
(3) 申6・6−9、創18・17、19、詩78・5−7
(4) Ⅰコリ14・6、9、11、12、15、16、24、27、28

(1) 詩19・10[19・11]、ネへ8・3−10、出24・7、代下34・27、イザ66・2
(2) Ⅱペト1・19−21
(3) ルカ24・45、Ⅱコリ3・13−16
(4) 申17・19、20
(5) 使17・11
(6) 使8・30、34、ルカ10・26−28
(7) 詩1・2、詩119・97
(8) 代下34・21
(9) 箴3・5、申33・3
(10) 箴2・1−7、詩119・18、ネへ8・6、8

(1) Ⅰテモ3・2、6、エフェ4・8−11、ホセ4・6、マラ2・7、Ⅱコリ3・6
(2) エレ14・15、ロマ10・15、ヘブ5・4、Ⅰコリ12・28、29、Ⅰテモ3・10、

されなければなりません。

Ⅰテモ4・14、Ⅰテモ5・22

問159 神の言葉は、その職務に召された者によって、どのように説教されなければなりませんか。

答 御言葉の宣教に労するように召された者は、健全な教え[1]を次のように説教しなければなりません。すなわち、時が良くても悪くても、[2]熱心に。[3]心を引きつける人間の知恵の言葉によらず、御霊と力との立証によって、[4]わかりやすく。[5]神の御意向の全体を知らせて、[6]忠実に。[7]聞く人たちの必要と能力に合わせて、[8]賢明に。[9]神[10]と神の民の魂[11]への燃えるような愛をもって、熱烈に。[12]神の栄光[13]と、神の民の回心[14]と教化[15]と救い[16]を目指して、誠実に。[17]

(1) テト2・1、8
(2) Ⅱテモ4・2
(3) 使18・25
(4) Ⅰコリ2・4
(5) Ⅰコリ14・19
(6) 使20・27
(7) エレ23・28、Ⅰコリ4・1、2
(8) Ⅰコリ3・2、ヘブ5・12–14、ルカ12・42
(9) コロ1・28、Ⅱテモ2・15
(10) Ⅱコリ5・13、14、フィリ1・15–17
(11) コロ4・12、Ⅱコリ12・15
(12) 使18・25
(13) Ⅰテサ2・4–6、ヨハ7・18
(14) Ⅰコリ9・19–22
(15) Ⅱコリ12・19、エフェ4・12
(16) Ⅰテモ4・16、使26・16–18
(17) Ⅱコリ2・17、Ⅱコリ4・2

問160 御言葉の説教を聞く者には、何が求められていますか。

答 御言葉の説教を聞く者に求められているのは、次のことです。注意深さ[1]と準備[2]と祈り[3]をもってそれを傾聴すること。

(1) 箴8・34
(2) Ⅰペト2・1、2、ルカ8・18
(3) 詩119・18、エフェ6・18、19

聞いたことを聖書によって調べること。(4) 真理を神の言葉として、(5) 信仰(6)・愛(7)・従順(8)・素直さをもって受け入れること。(9) 御言葉の説教を瞑想し、(10) それについて話し合うこと。(11) それを心に蓄えること。(12) そして、生活の中でその実を結ばせることです。(13)

(4) 使17・11
(5) Ⅰテサ2・13
(6) ヘブ4・2
(7) Ⅱテサ2・10
(8) ヤコ1・21
(9) 使17・11
(10) ルカ9・44、ヘブ2・1
(11) ルカ24・14、申6・6、7
(12) 箴2・1、詩119・11
(13) ルカ8・15、ヤコ1・25

問161 聖礼典は、どのようにして救いの有効な手段となるのですか。

答 聖礼典が救いの有効な手段となるのは、それ自身の内にあるどのような力によるのでも、また、それを執行する者の敬虔さや意向に由来するどのような効力によるのでもなく、ただ、聖霊の働きと、聖礼典を制定されたキリストの祝福によります。(1)

(1) Ⅰペト3・21、使8・13、さらに23節も参照、Ⅰコリ3・6、7、Ⅰコリ12・13

問162 聖礼典とは何ですか。

答 聖礼典とは、キリストが御自身の教会の中に制定された聖

い規定です(1)。その目的は、恵みの契約の中にある者たちに対して(2)、キリストの仲介の恩恵を表示し(3)、証印し、提供するため(4)。彼らの信仰と、他のすべての恵みの賜物を強め、増し加えるため(5)。彼らを服従に至らせるため(6)。相互の愛と交わりを証し、それを育むため(7)。そして、彼らを教会の外の人々と区別するためです(8)。

(1) 創17・7、10、出12章、マタ28・19、マタ26・26−28
(2) ロマ15・8、出12・48
(3) 使2・38、Iコリ10・16
(4) ロマ4・11、Iコリ11・24、25
(5) ロマ4・11、ガラ3・27
(6) ロマ6・3、4、Iコリ10・21
(7) エフェ4・2−5、Iコリ12・13
(8) エフェ2・11、12、創34・14

問163 聖礼典の要素は何ですか。

答 聖礼典の要素は二つです。一つは、キリスト御自身の定めに従って用いられる、外的で知覚できるしるしで、もう一つは、それによって意味されている、内的で霊的な恵みです(1)。

(1) マタ3・11、Iペト3・21、ロマ2・28、29

問164 新約のもとでキリストは、御自身の教会の中に、いくつの聖礼典を制定しておられますか。

答 新約のもとでキリストは、御自身の教会の中に、ただ二つ

の聖礼典を制定しておられます。すなわち、洗礼と主の晩餐です。[1]

(1) マタ28・19、Iコリ11・20、23、マタ26・26-28

問165 洗礼とは何ですか。

答 洗礼とは新約の聖礼典です。そこにおいてキリストは、父と子と聖霊の御名による水の洗いが、[1] 御自身に接ぎ木されること、[2] 御自身の血による罪の赦し、[3] 御自身の霊による再生、[4] 子とすること、[5] 永遠の命への復活の、[6] しるし、また証印となるように定められました。また、この聖礼典によって、洗礼を授けられた者は、目に見える教会に厳粛に入れられ、[7] 全面的に、ただ主のものになるという、公然の告白による約束関係に入ります。[8]

(1) マタ28・19
(2) ガラ3・27
(3) マコ1・4、黙1・5
(4) テト3・5、エフェ5・26
(5) ガラ3・26、27
(6) Iコリ15・29、ロマ6・5
(7) Iコリ12・13
(8) ロマ6・4

問166 洗礼は、誰に対して執行されるべきですか。

答 洗礼は、目に見える教会の外にいて、約束の契約に関わりのない、いかなる人に対しても、彼らがキリストへの信仰

とかれへの服従を公に告白するまでは、執行されてはなりません[1]。しかし、両親あるいはどちらか一方であれ、キリストへの信仰とかれへの服従を公に告白している親から生まれた幼児は、その点において契約の中にありますので、洗礼を授けられるべきです[2]。

(1) 使8・36、37、使2・38
(2) 創17・7、9、さらにガラ3・9、14とコロ2・11、12と使2・38、39とロマ4・11、12も参照、Iコリ7・14、マタ28・19、ルカ18・15、16、ロマ11・16

問167

わたしたちは、自らの洗礼をどのように生かして用いなければなりませんか。

答

自らの洗礼を生かして用いるという、必要でありながらひどく無視されている義務は、わたしたちの全生涯にわたり、特に誘惑の時や、他の人に洗礼が執行される場に臨むときに、次にように果たされなければなりません[1]。それは、洗礼の本質、キリストが洗礼を制定された目的、洗礼によって与えられ、証印される特権と恩恵、洗礼の際になした自らの厳粛な誓約を、真剣に感謝をもって熟慮することにより[2]。洗礼の恵みと、自らが結んだ約束を、罪深くも汚し、

(1) コロ2・11、12、ロマ6・4、6、11
(2) ロマ6・3−5
(3) Iコリ1・11−13、ロマ6・2、3
(4) ロマ4・11、12、Iペト3・21
(5) ロマ6・3−5
(6) 使2・38
(7) ガラ3・26、27

それらにふさわしくなく、それらに背いて歩んでいることに対して、自らを低くさせられることにより。[3] この聖礼典においてわたしたちに証印されている罪の赦しと他のすべての祝福を確信するほどに成長することにより。[4] 罪の力を失わせ、恵みを活気づかせるために、自らが洗礼によって結びつけられているキリストの死と復活から力を引き出すことにより。[5] 洗礼の際に自らをキリストにささげた者として、[6] 信仰によって生き、[7] 自らのふるまいを聖く正しく保ち、[8] また、同じ御霊によって一つの体となるように洗礼を授けられているので、兄弟愛のうちに歩むように努力することによります。[9]

(8) ロマ6・22
(9) Ⅰコリ12・13、25–27

問168 主の晩餐とは何ですか。

答 主の晩餐とは、新約の聖礼典です。[1] そこにおいて、イエス・キリストの御定めに従ってパンとぶどう酒を与え、また受けることによって、キリストの死が示されます。また、

(1) ルカ22・20

ふさわしくそれにあずかる者たちは、彼らの霊的養いと恵みにおける成長のために、キリストの体と血を食し、(2)キリストとの結合と交わりを確かなものとされ、(3)神に対する感謝(4)と約束(5)及び、同じ神秘的体の一員としての相互の愛と互いの交わり(6)を証しし、新たにします。

(2) マタ26・26–28、Iコリ11・23–26
(3) Iコリ10・16
(4) Iコリ11・24–26
(5) Iコリ10・14–16、21
(6) Iコリ10・17

問169

キリストは、主の晩餐の聖礼典において、パンとぶどう酒がどのように与えられ、また受けられるように定めておられますか。

答

キリストは、御自身の御言葉に仕える聖職者たちが、主の晩餐の聖礼典の執行に際し、制定の言葉と感謝と祈りによって、パンとぶどう酒を普通の用途から引き離し、パンを取って裂き、パンとぶどう酒の両方を陪餐者に与えるように定められました。また同じ定めにより、陪餐者は、自分たちのためにキリストの体が裂かれて与えられ、キリストの血が流されたことを、感謝の内に覚えつつ、パンを取っ

て食べ、ぶどう酒を飲まなければなりません(1)。

(1) Iコリ11・23、24、マタ26・26－28、マコ14・22－24、ルカ22・19、20

問170 主の晩餐にふさわしくあずかる者たちは、そこで、どのようにしてキリストの体と血をいただくのですか。

答 キリストの体と血は、主の晩餐でのパンとぶどう酒の中に、またそれらと共に、あるいはそれらのもとに、物体的あるいは肉的に存在しているのではありませんが(1)、それにもかかわらず、その品々そのものが信仰者の外的感覚に対して存在しているのと同様に真実かつ現実的に、受け取る人の信仰に対して霊的に現臨しています(2)。同様に、主の晩餐の聖礼典にふさわしくあずかる者は、十字架につけられたキリストとその死のすべての恩恵を、信仰によって受け取り、自分自身に適用するとき(3)、その聖礼典において、物体的、肉的な仕方ではなく、霊的な仕方で、しかし真実かつ現実的に、キリストの体と血をいただくのです(4)。

(1) 使3・21
(2) マタ26・26、28
(3) Iコリ10・16
(4) Iコリ11・24－29

問171 主の晩餐の聖礼典を受ける人は、それに臨む前に、どのように自らを整えなければなりませんか。

答 主の晩餐の聖礼典を受ける人は、それに臨む前に、次のように自らを整えなければなりません。すなわち、自分がキリストに在《あ》ることについて、(1)自分の罪と欠点について、(2)自分の知識(3)・信仰(4)・悔い改め(5)・神と兄弟への愛(6)・すべての人間に対する思いやり(7)・自分に悪をなした人を赦すことへの真実さとその度合いについて、(8)キリストを慕い求める思いについて、(9)また、新しい服従について、(10)自分自身を吟味することによって。(11)さらに、真剣な瞑想(12)と熱心な祈り(13)によって、これらの恵みの賜物の行使を新たにすることによってです(14)。

(1) Ⅱコリ13・5
(2) Ⅰコリ5・7、さらに出12・15も参照
(3) Ⅰコリ11・29
(4) Ⅱコリ13・5、マタ26・28
(5) ゼカ12・10、Ⅰコリ11・31
(6) Ⅰコリ10・16、17、使2・46、47
(7) Ⅰコリ5・8、Ⅰコリ11・18、20
(8) マタ5・23、24
(9) イザ55・1、ヨハ7・37
(10) Ⅰコリ5・7、8
(11) Ⅰコリ11・28
(12) Ⅰコリ11・24、25
(13) 代下30・18、19、マタ26・26
(14) Ⅰコリ11・25、26、28、ヘブ10・21、22、24、詩26・6

問172 自分がキリストに在《あ》ることについて、あるいは、自分がなすべき備えについて、疑わしく思っている人が、主の晩餐に臨んでもよいでしょうか。

答　自分がキリストに在ることについて、あるいは、自分がなすべき備えについて、疑わしく思っている人は、まだ確信していなくても、キリストに真に結びついているかもしれません。[1] また、もしその人が、キリストとの関わりの貧しさに不安を覚え、真に動揺し、[2] キリストの内に見出されることと不正から離れることを心から望んでいるならば、[3] 神の判断では、その人はキリストとの結びつきを持っています。[4] このような場合、（弱くて疑念を抱いてしまうキリスト者を安心させるためにも、さまざまな約束がなされ、この聖礼典が定められているので、）[5] その人は自分の不信仰を嘆き悲しみ、[6] 自分の疑念が解決されるように努めるべきであり、[7] そして、そうするならば、一層強められるために主の晩餐に臨んでよいし、また臨むべきです。[8]

(1) イザ50・10、Ⅰヨハ5・13、詩88編全体、詩77・1-12[77・2-13]、ヨナ2・4、7[2・5、8]
(2) イザ54・7-10、マタ5・3、4、詩31・22[31・23]、詩73・13、22、23
(3) フィリ3・8、9、詩10・17、詩42・1、2、5、11[42・2、3、6、12]
(4) Ⅱテモ2・19、イザ50・10、詩66・18-20
(5) イザ40・11、29、31、マタ11・28、マタ12・20、マタ26・28
(6) マコ9・24
(7) 使2・37、使16・30
(8) ロマ4・11、Ⅰコリ11・28

問173　信仰を告白し、主の晩餐に臨みたいと願っている人が、それから遠ざけられる場合があるのですか。

答 信仰を告白し、主の晩餐に臨みたいと願っているにもかかわらず、無知であったり、あるいは恥ずべきことがあることが認められる人は、指導を受けて改善されたことを明らかにするまでは、(1)キリストが御自身の教会に委ねておられる権能によって、この聖礼典から遠ざけられてよいし、また遠ざけられるべきです。(2)

(1) Ⅱコリ2・7
(2) Ⅰコリ11・27–34、さらにマタ7・6とⅠコリ5章とユダ23とⅠテモ5・22も参照

問174 主の晩餐の聖礼典が執行されるとき、それを受ける人に何が求められていますか。

答 主の晩餐の聖礼典が執行されるとき、それを受ける人に求められるのは、できるかぎりの聖なる畏敬と注意力をもって、この規定において神を待ち望むこと、(1)聖礼典の品と動作を熱心に見つめること、(2)主の御体を注意深くわきまえること、(3)主の死と苦しみに心を傾けて瞑想し、(4)そうすることによって、恵みの賜物を活発に働かせるように自らを奮起させることです。(5)これは、自らを裁いて罪を悲しむことに(6)

(1) レビ10・3、ヘブ12・28、詩5・7[5・8]、Ⅰコリ11・17、26、27
(2) 出24・8、さらにマタ26・28も参照
(3) Ⅰコリ11・29
(4) ルカ22・19
(5) Ⅰコリ11・26、Ⅰコリ10・3–5、11、14
(6) Ⅰコリ11・31

おいて、[7]また、キリストに対して熱烈に飢え渇き、[8]信仰によってキリストを食し、[9]キリストの満ちあふれる豊かさから受け、[10]キリストの功績に依り頼み、[11]キリストの恵みに感謝することにおいて、[13]さらに、神との契約[14]とすべての聖徒への愛[15]を新たにすることにおいてなされます。

(7) ゼカ12・10
(8) 黙22・17
(9) ヨハ6・35
(10) ヨハ1・16
(11) フィリ3・9
(12) 詩63・4、5［63・5、6］、代下30・21
(13) 詩22・26［22・27］
(14) エレ50・5、詩50・5
(15) 使2・42

問175 主の晩餐の聖礼典を受けた後のキリスト者の義務は何ですか。

答 主の晩餐の聖礼典を受けた後のキリスト者の義務は、その聖礼典において自分がどのようにふるまったか、また、どのような結果であったかを真剣によく考えることです。[1]もし、力づけと慰めを見いだすならば、そのことのゆえに神を賛美し、[2]それが続くように懇願し、[3]後戻りしないように注意し、[4]自らの誓願を果たし、[5]この規定にしばしば臨むように自らを励ますことが求められています。[6]しかし、もし、

(1) 詩28・7、詩85・8［85・9］、Iコリ11・17、30、31
(2) 代下30・21-23、25、26、使2・42、46、47
(3) 詩36・10［36・11］、雅3・4、代上29・18
(4) Iコリ10・3-5、12
(5) 詩50・14
(6) Iコリ11・25、26、使2・42、46

何の恩恵も見いださないならば、この聖礼典への準備と、聖礼典のときの姿勢とを、一層厳密に見直すことが必要です。(7) もし、その両方の点で、神に対しても自分自身の良心に対しても、自らを是認することができるのであれば、しかるべき時にその聖礼典が実を結ぶのを待たなければなりません。(8) しかし、いずれかの点で落ち度があったことに気づいたならば、自らを低くし、(9) 以後は一層の心遣いと注意深さによって聖礼典に臨まなければなりません。(10)

(7) 雅5・1–6
(8) 詩123・1、詩42・5、8〔42・6、9〕、詩43・3–5
(9) 代下30・18、19、イザ1・16、18
(10) Ⅱコリ7・11、代上15・12–14

問176

答 洗礼と主の晩餐の聖礼典は、どの点で一致していますか。

洗礼と主の晩餐の聖礼典が一致している点は、どちらも創始者は神であること、(1) どちらの霊的部分もキリストとキリストが与える恩恵であること、(2) どちらも同じ契約の証印であり、(3) 福音の聖職者によって執行されるべきもので、それ以外の誰によっても執行されてはならず、(4) キリストの再臨の時まで、キリストの教会で継続されなければならないも

(1) マタ28・19、Ⅰコリ11・23
(2) ロマ6・3、4、Ⅰコリ10・16
(3) ロマ4・11、さらにコロ2・12も参照、マタ26・27、28
(4) ヨハ1・33、マタ28・19、Ⅰコリ11・23、Ⅰコリ4・1、ヘブ5・4

のであることです。(5)

(5) マタ28・19、20、Iコリ11・26

問177 洗礼と主の晩餐の聖礼典は、どの点で異なっていますか。

答 洗礼と主の晩餐の聖礼典が異なっているのは、次の点です。すなわち、洗礼は、わたしたちの再生とキリストとの接ぎ木のしるし、また証印となるように、(1)水を用いて、一度だけ、幼児にも執行されます。(2)これに対して主の晩餐は、魂にとっての霊的食物であるキリストを表し、提供するため、(3)また、わたしたちがキリストの内にあり続け、成長することを確証するために、(4)パンとぶどう酒という品々を用いて、何度も執行されます。その対象は、自分自身を吟味することのできる年齢に達し、そうする能力のある人に限られます。(5)

(1) マタ3・11、テト3・5、ガラ3・27
(2) 創17・7、9、使2・28、39、Iコリ7・14
(3) Iコリ11・23-26
(4) Iコリ10・16
(5) Iコリ11・28、29

問178 祈りとは何ですか。

答 祈りとは、キリストの御名により、(1)キリストの御霊の助け

(1) ヨハ16・23

によって、[2] わたしたちの罪の告白と、[3] 神の憐れみへの感謝に満ちた謝辞とともに、[4] わたしたちの願いを神にささげることです。[5]

(2) ロマ8・26
(3) 詩32・5、6、ダニ9・4
(4) フィリ4・6
(5) 詩62・8［62・9］

問179 わたしたちは、神にのみ祈らなければなりませんか。

答 神だけが、すべての人の心を探り、[1] 願いを聞き、[2] 罪を赦し、[3] 希望をかなえることができるお方であり、[4] また、ただひとり、信じられ、[5] 宗教的礼拝をもって拝されるべきお方です。[6] それゆえ、宗教的礼拝の一つの特別な部分である祈りは、[7] すべての人によって、ただ神だけにささげられねばならず、[8] 他のいかなるものにもささげられてはなりません。[9]

(1) 王上8・39、使1・24、ロマ8・27
(2) 詩65・2［65・3］
(3) ミカ7・18
(4) 詩145・18、19
(5) ロマ10・14
(6) マタ4・10
(7) Ⅰコリ1・2
(8) 詩50・15
(9) ロマ10・14

問180 キリストの御名によって祈るとは、どういうことですか。

答 キリストの御名によって祈るとは、キリストの命令に従い、かれの約束に信頼して、キリストのゆえに憐れみを願い求めることです。[1] それは、キリストの御名をただ唱えること

(1) ヨハ14・13、14、ヨハ16・24、ダニ

によるのではなく[2]、わたしたちが、祈ることへの励ましと、祈りにおける大胆さ・力・聞き入れられるとの望みを、キリストとかれの仲介から引き出すことによります[3]。

9・17
(2) マタ7・21
(3) ヘブ4・14–16、Iヨハ5・13–15

問181 なぜわたしたちは、キリストの御名によって祈らなければならないのですか。

答 人間の罪性と、それによる神との隔たりは、非常に大きいので、わたしたちは仲介者なしに神の御前に近づくことは決してできません[1]。また、その栄光ある業に任命され、かつふさわしい方は、天においても地においても、キリストおひとり以外には存在しません[2]。それゆえわたしたちは、他のいかなる名でもなく、ただキリストの御名によって祈らなければなりません[3]。

(1) ヨハ14・6、イザ59・2、エフェ3・12
(2) ヨハ6・27、ヘブ7・25–27、Iテモ2・5
(3) コロ3・17、ヘブ13・15

問182 御霊は、わたしたちが祈るのをどのように助けてくださいますか。

答　わたしたちは本来何を祈るべきかを知らないため、御霊は、誰のために、何を、またどのように祈るべきかを理解できるようにしてくださることによって、さらに、この祈りの義務を正しく果たすのに必要な理解・感情・恵みの賜物を（すべての人に、いつでも、同じ程度に、というわけではありませんが）、わたしたちの心の内に生じさせ、活気づかせることによって、わたしたちの弱さを助けてくださいます。(1)

(1) ロマ8・26、27、詩10・17、ゼカ12・10

問183

わたしたちは、誰のために祈らなければなりませんか。

答　わたしたちは、地上にあるキリストの教会全体のために、(1) 為政者たち(2)と聖職者たち(3)のために、自分自身、(4) わたしたちの兄弟たち、(5) さらにわたしたちの敵のために、(6) そして、現在生きている人々や(7)これから生まれてくるあらゆる種類の人々のために(8)祈らなければなりません。しかし、死者のためや、(9) 死に至る罪を犯したことが知られている人々のためには祈ってはなりません。(10)

(1) エフェ6・18、詩28・9
(2) Ⅰテモ2・1、2
(3) コロ4・3
(4) 創32・11［32・12］
(5) ヤコ5・16
(6) マタ5・44
(7) Ⅰテモ2・1、2
(8) ヨハ17・20、サム下7・29
(9) サム下12・21–23
(10) Ⅰヨハ5・16

問184 わたしたちは、どのようなことのために祈らなければなりませんか。

答 わたしたちは、神の栄光、(1) 教会の幸福、(2) 自分自身や他の(3)人々の幸い(4)につながるすべてのことのために祈らなければなりません。しかし、不法であるいかなることのためにも祈ってはなりません。(5)

(1) マタ6・9
(2) 詩51・18〔51・20〕、詩122・6
(3) マタ7・11
(4) 詩125・4
(5) Ⅰヨハ5・14

問185 わたしたちは、どのように祈らなければなりませんか。

答 わたしたちは、神の尊厳に対する畏敬に満ちた認識を持ち、(1) 自分自身の無価値(2)と窮状(3)と罪(4)を深く自覚しつつ、また、罪を悔いる、(5) 感謝に満ちた、(6) 開かれた心をもって、(7) さらに、理解(8)と信仰(9)と誠実さ(10)と熱意(11)と愛(12)と神を待ち望む(13)忍耐(14)をもって、神の御心に謙虚に服従しつつ(15)祈らなければなりません。

(1) コヘ5・1〔4・17〕
(2) 創18・27、創32・10〔32・11〕
(3) ルカ15・17−19
(4) ルカ18・13、14
(5) 詩51・17〔51・19〕
(6) フィリ4・6
(7) サム上1・15、サム上2・1
(8) Ⅰコリ14・15
(9) マコ11・24、ヤコ1・6
(10) 詩145・18、詩17・1
(11) ヤコ5・16
(12) Ⅰテモ2・8
(13) ミカ7・7
(14) エフェ6・18
(15) マタ26・39

問186 神は、わたしたちの祈りの義務を指導するために、どのよ

うな規範を与えておられますか。

答　神の御言葉全体が、祈りの義務についてわたしたちを指導するのに有益です[1]。しかし、指導の特別な規範は、わたしたちの救い主キリストが弟子たちに教えられた祈禱文、いわゆる「主の祈り」です[2]。

(1) Iヨハ5・14
(2) マタ6・9–13、ルカ11・2–4

問187　主の祈りは、どのように用いられなければなりませんか。

答　主の祈りは、わたしたちが他《ほか》の祈りをする際に従うべき型として、「わたしたちを」指導するものであるだけでなく、理解、信仰、畏敬、その他祈りの義務を的確に果たすために必要なさまざまな恵みの賜物をもってなされるのであれば、一つの祈りとして用いることもできます[1]。

(1) マタ6・9、さらにルカ11・2も参照

問188　主の祈りは、いくつの部分から成っていますか。

答　主の祈りは、序言と祈願と結びの言葉の三つの部分から成っています。

問189 主の祈りの序言は、わたしたちに何を教えていますか。

答 （「天にましますわれらの父よ」という言葉に含まれている）[1]主の祈りの序言は、次のことを教えています。すなわち、わたしたちが祈るとき、神の父としてのいつくしみと、自らがそのいつくしみにあずかっていることへの信頼をもって、[2]また、崇敬と、とりわけ子どものような性質と、[3]天を仰ぐ感情と、[4]神の主権的な力と尊厳と恵み深いへりくだりに対するふさわしい理解をもって、[5]神に近づくことと、さらに、他《た》の人々と共に、また他の人々のために祈ることを教えています。[6]

(1) マタ6・9
(2) ルカ11・13、ロマ8・15
(3) イザ64・9［64・8］
(4) 詩123・1、哀3・41
(5) イザ63・15、16、ネヘ1・4−6
(6) 使12・5

問190 第一の祈願において、わたしたちは何を祈り求めるのですか。

答 （「願わくは御名をあがめさせたまえ」[1]という）第一の祈願において、わたしたちは、自分自身とすべての人間の内にあ

(1) マタ6・9

る、神を正しくあがめることができない全くの無能力と無気力を認めて[2]、次のことを祈ります。すなわち、神がその恵みによって、わたしたちと他《た》の人々が、神[3]・神の称号[4]・属性[5]・規定・御言葉[6]・御業・その他、神がそれによって御自身を知らせるのをよしとされるすべてのものを[7]、知り、認め、大いに尊び、思いと言葉[8]と行い[9]において、神の栄光をたたえることができるように、そうすることに心を向けさせてくださるように祈ります。さらに、神が、無神論[10]・無知[11]・偶像礼拝[12]・神を汚すこと[13]・その他、神にとって不名誉なすべてのことを[14]、防止し、除去して、支配力のある摂理によって、すべてのことが御自身の栄光となるように導き、治めてくださるようにと祈ります[15]。

問191 第二の祈願において、わたしたちは何を祈り求めるのですか。

答 (「み国をきたらせたまえ」[1]という）第二の祈願において、わ

(2) Ⅱコリ3・5、詩51・15［51・17］
(3) 詩67・2、3［67・3、4］
(4) 詩83・18［83・19］
(5) 詩86・10－13、15
(6) Ⅱテサ3・1、詩147・19、20、詩138・1－3、Ⅱコリ2・14、15
(7) 詩145編全体、詩8編全体
(8) 詩103・1、詩19・14［19・15］
(9) フィリ1・9、11
(10) 詩67・1－4［67・2－5］
(11) エフェ1・17、18
(12) 詩97・7
(13) 詩74・18、22、23
(14) 王下19・15、16
(15) 代下20・6、10－12、詩83編全体、詩140・4、8［140・5、9］

(1) マタ6・10

たしたちは、自分自身と全人類が生まれながらにして罪とサタンの支配下にあることを認めて、(2) 次のことを祈ります。すなわち、罪とサタンの王国が滅ぼされ、(3) 福音が全世界に宣べ伝えられ、(4) ユダヤ人が召され、(5) 異邦人全体が招き入れられ、(6) 教会が、福音の教役者と規定をすべて備えられ、(7) 腐敗を清められ、(8) 国家的為政者によって支持され、維持されるように。(9) また、キリストの諸規定が純粋に執行され、まだ罪の中にある人々を回心させ、すでに回心している人々を強め、慰め、建て上げるのに有効とされるように。(10) さらに、キリストがこの世でわたしたちの心を支配すると共に、(11) 再び来られて、わたしたちがキリストと共に永遠に統治する時を早めてくださるように。(12) そして、これらの目的に最もかなうように、キリストが全世界において、御力の王的統治をすることをよしとされるようにと祈ります。(13)

(2) エフェ2・2、3
(3) 詩68・1、18［68・2、19］、黙12・10、11
(4) Ⅱテサ3・1
(5) ロマ10・1
(6) ヨハ17・9、20、ロマ11・25、26、詩67編全体
(7) マタ9・38、Ⅱテサ3・1
(8) マラ1・11、ゼファ3・9
(9) Ⅰテモ2・1、2
(10) 使4・29、30、エフェ6・18–20、ロマ15・29、30、32、Ⅱテサ1・11、Ⅱテサ2・16、17
(11) エフェ3・14–20
(12) 黙22・20
(13) イザ64・1、2［63・19、64・1］、黙4・8–11

問192

第三の祈願において、わたしたちは何を祈り求めるのです

か。

答

（「みこころの天になるごとく、地にもなさせたまえ」[1]という）第三の祈願において、わたしたちは、自分とすべての人々が、生まれながらにして、神の御意志を知ることも行うことも全くできず、またそうしようともしないだけでなく[2]、御言葉に逆らい[3]、神の摂理に不平を言ったり、つぶやいたりしがちであり[4]、肉と悪魔の欲することを行うことに全く心を向けがちであることを認めて[5]、次のことを祈ります。すなわち、神が、御霊によって、わたしたち自身と他の人々から、心のかたくなさ[6]、弱さ[7]、無気力[8]、強情さ[9]をすべて取り除いてくださり、さらに、神の恵みによって、天使たちが天でしているのと同様の[10]謙遜[11]、快活さ[12]、忠実[13]、勤勉[14]、熱情[15]、誠実[16]、安定性[17]をもって、わたしたちも、すべてのことにおいて神の御意志を知り、行い、それに服することができるように、またそれを望むようにしてくださるようにと祈ります[18]。

(1) マタ6・10
(2) ロマ7・18、ヨブ21・14、Iコリ2・14
(3) ロマ8・7
(4) 出17・7、民14・2
(5) エフェ2・2
(6) エフェ1・17、18
(7) エフェ3・16
(8) マタ26・40、41
(9) エレ31・18、19
(10) イザ6・2、3、詩103・20、21、マタ18・10
(11) ミカ6・8
(12) 詩100・2、ヨブ1・21、サム下15・25
(13) イザ38・3
(14) 詩119・4、5
(15) ロマ12・11
(16) 詩119・80
(17) 詩119・112
(18) 詩119・1、8、35、36、使21・14

問193 第四の祈願において、わたしたちは何を祈り求めるのですか。

答 (「我らの日用の糧を今日も与えたまえ」[1]という) 第四の祈願において、わたしたちは、自分たちがアダムにおいて、また自分自身の罪によって、この命のすべての外的祝福に対する権利を失っており、神によってそれらを全く奪い取られても当然であり、たとえそれらの外的祝福を用いることができたとしても、わたしたちにとって呪いとなるのが当然であること[2]、また、それらの外的祝福は、それ自体でわたしたちを支えることはできず[3]、わたしたちもそのような祝福に値したり[4]、自分自身の努力によってそれらを獲得することもできず[5]、むしろ不法にそれらを欲し[6]、手に入れ[7]、用いようとする傾向があること[8]を認めて、自分自身と他の人々のために、次のことを祈ります。すなわち、彼らもわたしたちも共に、合法的手段を用いて日々に神の摂理を待

(1) マタ6・11
(2) 創2・17、創3・17、ロマ8・20–22、エレ5・25、申28・15–68
(3) 申8・3
(4) 創32・10[32・11]
(5) 申8・17、18
(6) エレ6・13、マコ7・21、22
(7) ホセ12・7[12・8]
(8) ヤコ4・3
(9) 創43・12–14、創28・20、エフェ4・28、Ⅱテサ3・11、12、フィリ4・6
(10) Ⅰテモ4・3–5
(11) Ⅰテモ6・6–8
(12) 箴30・8、9

ち望みつつ、神の無償の賜物の中から、神の父としての知恵から最善と思われるところに従って、ふさわしい分を享受することができるように、[9] また、わたしたちがそれらを聖く十分に用いて[10]満足するときに、[11] それらが継続され、わたしたちにとって祝されたものとなるように、さらに、わたしたちのこの世での支えと慰めに反するあらゆることから守られるようにと祈ります。[12]

問194 第五の祈願において、わたしたちは何を祈り求めるのですか。

答 （「我らに罪をおかす者を我らがゆるすごとく、我らの罪をもゆるしたまえ」[1] という）第五の祈願において、わたしたちは、自分と他のすべての人々が、原罪と現実の罪の両方の罪責があり、そのために神の義に対して負債のある者となっていること、また、わたしたちも他のいかなる被造物も、その負債に対して最小の償いさえもなし得ないことを認めて、[2]

（1）マタ6・12
（2）ロマ3・9–21、マタ18・24、25、詩130・3、4

自分自身と他の人々のために、次のことを祈ります。すなわち、神が、その無償の恵みから、信仰によって理解され、適用されるキリストの従順と償いを通して、わたしたちを罪の咎と罰のいずれにおいても無罪放免としてくださること、[3] わたしたちを愛する御子において受け入れてくださること、[4] わたしたちに対する愛顧と恵みを継続してくださること、[5] わたしたちの日毎の失敗を赦してくださること、[6] さらに、日毎にますます赦しの確信を与えて、わたしたちを平和と喜びで満たしてくださることを祈ります。[7] わたしたちが心から他の人々に対して、彼らの罪を赦しているという証しを自らの内に持つとき、このような赦しの確信を一層大胆に願い求め、また、期待するように励まされます。[8]

(3) ロマ3・24-26、ヘブ9・22
(4) エフェ1・6、7
(5) IIペト1・2
(6) ホセ14・2［14・3］、エレ14・7
(7) ロマ15・13、詩51・7-10、12［51・9-12、14］
(8) ルカ11・4、マタ6・14、15、マタ18・35

問195 第六の祈願において、わたしたちは何を祈り求めるのですか。

答 (「我らをこころみにあわせず、悪より救い出《いだ》したまえ」[1] とい

(1) マタ6・13

う）第六の祈願において、わたしたちは、最も賢く、義《ただ》しく、恵み深い神が、さまざまな聖く正しい目的のために、わたしたちが誘惑によって襲われ、打ち負かされ、一時的にとらわれてしまうように物事を定められることがあること、[2]また、サタン[3]と世[4]と肉とが、わたしたちを強力にわきへ連れて行き、罠にかけようと身構えていること、[5]さらに、わたしたちが罪の赦しを受けた後《あと》でさえ、自らの腐敗[6]と弱さと注意深さの欠如[7]のゆえに、誘惑に陥りやすく、進んで自分自身を誘惑にさらすだけでなく、[8]自分自身では、それらの誘惑に対抗し、それらから立ち直り、さらにそれらを活用することはできず、また、そうしようともせず、[9]まさに、誘惑の力の下に放置されるにふさわしいものであることを[10]認めて、次のことを祈ります。すなわち、神が世界とその中のすべてのものを支配し、[11]肉を従わせ、[12]サタンを抑制し、[13]万事を整え、[14]恵みの手段をすべて与えて祝福し、[15]この手段をわたしたちが注意深く用いるようにと活気づかせ

(2) 代下32・31
(3) 代上21・1
(4) ルカ21・34、マコ4・19
(5) ヤコ1・14
(6) ガラ5・17
(7) マタ26・41
(8) マタ26・69–72、ガラ2・11–14、代下18・3、さらに代下19・2も参照
(9) ロマ7・23、24、代上21・1–4、代下16・7–10
(10) 詩81・11–12［81・12–13］
(11) ヨハ17・15
(12) 詩51・10［51・12］、詩119・133
(13) Ⅱコリ12・7、8
(14) Ⅰコリ10・12、13
(15) ヘブ13・20、21
(16) マタ26・41、詩19・13［19・14］
(17) エフェ3・14–17、Ⅰテサ3・13、ユダ24
(18) 詩51・12［51・14］
(19) Ⅰペト5・8–10
(20) Ⅱコリ13・7、9
(21) ロマ16・20、ゼカ3・2、ルカ22・31、32
(22) ヨハ17・15、Ⅰテサ5・23

てくださるように。その結果、わたしたちとすべての神の民が、神の摂理によって、罪を犯すように誘惑されることから守られること、[16] また、たとえ誘惑されても、御霊によって力強く支えられ、誘惑のときに立っていることができるようになること、[17] あるいは、倒されたときには、再び立ち上がらせ、誘惑から立ち直らされて、[18] これを聖く用い、活用することができるようになることです。[19] さらに、わたしたちの聖化と救いが完成され、[20] サタンがわたしたちの足で踏みつぶされ、[21] わたしたちが罪と誘惑とすべての悪から永遠に全く解放されるようにと祈ります。[22]

問196 主の祈りの結びの言葉は、わたしたちに何を教えていますか。

答 (「国と力と栄えとは、限りなく、なんじのものなればなり。アーメン」[1] という) 主の祈りの結びの言葉は、わたしたちに、自分自身や他のいかなる被造物の内にあるふさわしさから

(1) マタ6・13

ではなく、ただ神から引き出される[2]論拠によって、わたしたちの祈願を強化することと、[3]永遠の主権と全能と栄光ある卓越性を神にのみ帰する[4]賛美を、わたしたちの祈りに加えることを教えています。[5]これらのことについて神は、わたしたちを助けることができ、また、喜んで助けてくださるので、[6]わたしたちは信仰によって心励まされて、神がそうしてくださるようにと嘆願し、[7]また、神がわたしたちの求めをかなえてくださるようにと、静かに神に依り頼むのです。[8]そして、このようなわたしたちの願いと確信を証しするために、わたしたちは「アーメン」と言うのです。[9]

(2) ロマ15・30
(3) ダニ9・4、7–9、16–19
(4) 代上29・10–13
(5) フィリ4・6
(6) エフェ3・20、21、ルカ11・13
(7) 代下20・6、11
(8) 代下14・11[14・10]
(9) Iコリ14・16、黙22・20、21

解　説

作成の経緯

ウェストミンスター大教理問答は、一六四三年七月にロンドンのウェストミンスター寺院で開会したウェストミンスター神学者会議の成果です。この会議は、当初、新しい信仰告白や教理問答を作成する予定はありませんでした。しかし、国王軍と内戦中であったイングランド議会がスコットランドからの軍事援助を得るために「厳粛な同盟と契約」(同年九月)を結んだことによって、神学者会議の課題に変化がおきました。つまり、イングランド、スコットランド、アイルランドの三王国の宗教を統一し、そのために共通の宗教諸文書を作成することになりました。その結果生み出されたのが、ウェストミンスター信仰告白・大小教理問答です。

神学者会議が信仰告白の作成を終えて、これを議会に提出したのが一六四六年一二月です(四日に庶民院、七日に貴族院)。教理問答作成作業は、一六四四年から始まっていましたが、作業が本格化したのは信仰告白が完成した後でした。教理問答の作成で中心的役割を担ったのは、ハーバート・パーマーです。彼はイングランドにおける最も優れた教理問答の教育者でし

た。「大教理問答の基礎はパーマーの教理問答であった」（ウィリアム・ベヴァリッジ『ウェストミンスター神学者会議の歴史』一麦出版社、二〇〇五年、一三六頁）と言われています。

神学者会議は当初一つの教理問答を作成する予定でした。しかし、一六四七年一月一四日のリチャード・ヴァインズの動議によって、「二つの教理問答、大きいものと簡単なもの」を作成することになりました。この二つの教理問答について、スコットランドの特命委員であったサミュエル・ラザフォードは一月一九日付の手紙の中で「より厳密で包括的なもの」と「初心者のためのより平易で短いもの」と表現しています。同じく特命委員であったジョージ・ギレスピーは、一六四七年八月のスコットランド教会総会議の中で両者のことを「普通の学識のない人々のための短くて平明なもの」と「理解力のある人々のための大きなもの」と表現しています。会議はこうして、大小二つの教理問答の草案を準備することになりました。

一六四七年四月一四日から大教理問答の討論が始まり、同年一〇月一五日に完成しました。そして一〇月二二日に議会両院に提出されました。小教理の討論は、大教理が完成した後の一〇月二一日から一一月八日です。一一月二五日に庶民院、二六日に貴族院に提出されました。議会が信仰告白同様、引証聖句の追加を求めたため、神学者会議はその作業を行い、一六四八年四月一四日に聖句付の二つの教理問答が議会両院に届けられました。スコットランド教会は、一六四八年七月二〇日に教会大会で大教理の採択を決定しています（小教理の採択は同年七月二

八日)。そして一六四九年二月七日には、スコットランド議会身分会で大小教理問答の採択が批准されています。

ベヴァリッジは、大教理問答作成へのパーマーの貢献を認めつつ、「教理に関して、その主な源泉はアッシャーの『神学体系』(*Body of Divinity*)であり、この教理問答を起草する主要な役割を担ったのは、明らかにケンブリッジの神学教授であるタックニー博士であった」と述べています(同書、一三六頁)。シャッフも、アントニー・タックニーが大教理問答の主要な著者だとしています。なお、教理問答作成の歴史については、村川満『ウェストミンスター信仰告白研究』(一麦出版社、二〇〇八年)一八一―二三三頁、並びに松谷好明『ウェストミンスター神学者会議――その構造化』(一麦出版社、二〇〇〇年)四七七―五三五頁を参照してください。いずれも一次資料による厳密な歴史研究です。

大教理の特徴・教会での位置づけ

ウェストミンスター大教理問答は、小教理と同様に、答えを問いから独立して、それ自体で意味の完全な文にしている点に特徴があります。「ジュネーヴ教会信仰問答」や「ハイデルベルク信仰問答」は、答えだけを切り離したら意味が通じません。しかしウェストミンスター教理問答は答えだけで意味の完全な文になっています。

また、他の教理問答と比較して、十戒の解説、主の祈りの解説が非常に詳しい点に特徴があります。全体の半分がそれに当たります。そこには、聖書を具体的な生活に結び付けようとするピューリタンの霊性が豊かに表されていると言えます。

ウェストミンスター神学者会議は、教会の信仰規準として教理問答を作成したのではありません。信仰規準として作成したのは信仰告白です。教理問答は、信仰告白に表明されている教理の教育手段として作成されました。それゆえ、スコットランド教会は、一七世紀以来、「ウェストミンスター信仰告白」だけを教会の信仰規準として採択しています。一七三三年にスコットランド教会から分離した教派（連合プレスビテリー）が教理問答も信仰規準として採用したという例外を除いて、スコットランドの他の長老主義諸教会も概ね同様だと言えます。

しかし、アメリカの長老教会は異なります。アメリカの最初の長老教会は、主としてスコットランドとアイルランドの移民によって形成されました。一七〇六年にフィラデルフィア中会、一七一六年にフィラデルフィア・シノッドが設立し、一七二九年に「宣言法」が採択されますが、その中で、ウェストミンスター信仰告白だけでなく大小教理問答も、教会の信仰規準として位置づけられました。以来、アメリカにおける多くの長老教会は、ウェストミンスター信仰告白と大小教理問答、すなわち「ウェストミンスター信仰規準」（*the Westminster Standards*）を教会の信仰規準にしています。アメリカの長老教会の宣教によって生まれた、オーストラリ

ア、ニュージーランド、韓国、日本などの長老教会も、概ねそれに倣っています。

参考文献

信仰告白や小教理問答と共に解説するものは少なくありませんが、大教理単独の解説書は多くありません。単独の解説書としてよく知られているのは、次のものです。

Thomas Ridgeley, *Commentary on the Larger Catechism*, 2 vols, Reprint edition, from the (1855) edition, Classic collection edition, Still Waters Revival Books.

Johannes G. Vos, *The Westminster Larger Catechism, A Commentary*, R&P Publishing, (2002).（ヨハネス・G・ヴォス『ウェストミンスター大教理問答書講解』（上中下巻）、玉木鎮訳、聖恵授産所出版部、一九八七年。）

後者は、ヴォスが Blue Banner Faith and Life 誌に一九四六年一月から一九四九年七月まで連載したものをまとめたものです。玉木氏による邦訳は、大教理問答を学ぶ上で大変有益なものです。

訳者あとがき

ウェストミンスター大教理問答は、一七世紀以来、世界中の長老主義教会、また福音主義教会において、教会の信仰規準、あるいは教理教育の手段として用いられてきました。小教理問答と同様に、そこでは、厳密な教理と深い敬虔が一体化したピューリタンの霊性が結実しています。この拙訳によって、多くの方々が、その霊性に触れ、養われることになるなら、それに優る幸いはありません。

これまでに出版された大教理問答の翻訳は以下の通りです。

- 岡田稔訳『ウェストミンスター大教理問答書』活水社書店、一九五〇年。
- 日本基督改革派教会信条翻訳委員会訳『ウェストミンスター大教理問答』新教出版社、一九六三年。
- 鈴木英昭訳『ウェストミンスター信仰基準』つのぶえ社、一九九七年。
- 松谷好明訳『ウェストミンスター信仰規準（改訂版）』一麦出版社、二〇〇四年。
- 宮﨑彌男訳『ウェストミンスター大教理問答』教文館、二〇一四年。

いずれの翻訳も、教会や信徒に用いられ、少なからぬ役割を果たしてきました。そして、今回、私が翻訳に際して立てた方針は次のものです。①信頼できる底本を選び、底本に忠実な翻訳であること。②これまでになされたウェストミンスター信条の翻訳の成果を生かし、学問的な批判にも耐えうる翻訳であること。③キリスト教会やキリスト教信徒によって用いられることを念頭に、わかりやすく美しい日本語であること。④信仰告白・大教理問答・小教理問答の三文書として統一のとれた翻訳であること。

松谷訳と宮﨑訳は、信頼できる底本を選び、底本に忠実かつ学問的で正確な訳です。それゆえ、この二つの翻訳を読み比べれば、大教理を十分学ぶことができます。それにもかかわらず、今回新しい翻訳を出版することにしたのは、先に④であげた「信仰告白・大教理問答・小教理問答の三文書として統一のとれた翻訳」を作成したいと願ったからです。

私は村川満先生との共訳で、二〇〇九年に『ウェストミンスター信仰告白』（一麦出版社）を出版し、また二〇一五年に私の翻訳によって『ウェストミンスター小教理問答』（教文館）を出版させていただきました。当初は、大教理問答に関しては、松谷訳と宮﨑訳で十分と考えていたのですが、やはり、統一のとれた三文書の翻訳が必要だと考えるようになりました。それゆえ今回の拙訳は、前二書との訳語の統一、語感の統一を図っています。底本への忠実さとともに、日本語としての読みやすさも重視しています。

いずれにせよ、私の翻訳は、先人たちの努力の成果を踏まえたものであり、とりわけ松谷訳と宮﨑訳との対話に努めたものです。その意味で、まず松谷好明先生と宮﨑彌男先生に心からの感謝を捧げます。

ウェストミンスター小教理問答が、プロテスタントを代表する教理問答の一つとして広く用いられてきたのに対して、残念ながら、大教理問答はそれほど用いられてこなかったと思います。それは、大教理が必ずしも信徒向けではなく、非常に厳密で詳細であり、親しみを覚えにくかったことに原因があると思われます。しかし、作成の経緯からもわかりますように、小教理問答は大教理問答の要約として作成されました。それゆえ、小教理問答を学ぶための第一の解説書が大教理問答です。今回、モートン・スミスの本を参考に、三文書の〈対観表〉を作成し、付録として収録しました。これを用いて、小教理を学ぶ際に、ぜひ該当する大教理を読んでください。さらに、その教理的基礎とも言える信仰告白の該当箇所にも目を通してください。それによって、小教理問答を本当に豊かに、そして正確に理解できると思います。小教理問答の豊かさは、大教理問答を学ぶことによって目が開かれると私は確信しています。

今回の翻訳にあたり、京都大学名誉教授（キリスト教学）で日本キリスト改革派滋賀摂理教会会員の水垣渉先生が、訳文全体に丁寧に目を通して、貴重な助言をくださいました。水垣先生は、信仰告白と小教理問答の際にも励ましと協力をいただきました。改めて、心からの感謝

を捧げます。しかしながら、訳文の責任はすべて訳者にあります。

最後に、この翻訳作業は、新型コロナウイルス感染症が世界中で猛威を振るっている中でなされました。予想できない出来事が起こりました。また、地球温暖化やデジタル化の進展などにより、今後日本や世界がどうなっていくのか、将来に対する漠然とした不安が広がっています。こうした時代だからこそ、揺るがない確かなものが必要です。聖書的真理を本当に豊かに表現しているウェストミンスター大教理問答は、その意味でもこの時代に求められているのだと思っています。

二〇二一年八月

袴田康裕